T0171811

Controlling im Krankenhaus

Reihe herausgegeben von

Winfried Zapp
Osnabrück, Deutschland

Julian Terbeck
Osnabrück, Deutschland

Die Bücher der Reihe richten sich an Fach- und Führungskräfte im Controlling von Krankenhäusern und medizinischen Einrichtungen sowie an Dozenten und Studierende aus dem Bereich Gesundheitsmanagement und Controlling. Herausgeben werden sie von Prof. Dr. Winfried Zapp, Allgemeine Betriebswirtschaftslehre mit dem Schwerpunkt Rechnungswesen, insbesondere Controlling im Gesundheitswesen an der Hochschule Osnabrück unter Mitarbeit von Julian Terbeck, MA. Aktuelle und relevante Themen des Controllings in Gesundheitseinrichtungen werden praxisnah aufbereitet. Neben den theoretischen Grundlagen zu Bereichen wie Leistungsverrechnung, Benchmarking, Prozesskostenrechnung und Berichtswesen bietet die Reihe konkrete Handlungsempfehlungen und Instrumente. Die Bücher, die in Zusammenarbeit mit Experten aus Wissenschaft und Praxis geschrieben werden, unterstützen die Leser dabei, ihr Wissen und ihre Kompetenz in den Bereichen Kostenmanagement, Controlling und Prozessmanagement zu erweitern und praktisch umzusetzen.

Weitere Bände in dieser Reihe: http://www.springer.com/series/13107

Winfried Zapp

Hrsg.

Qualitäts- und Risikomanagement im Krankenhaus

Analyse – Verfahren – Anwendungsbeispiele

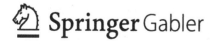 Springer Gabler

Hrsg.
Winfried Zapp
Hochschule Osnabrück
Osnabrück, Deutschland

ISSN 2198-6010   ISSN 2198-6029 (electronic)
Controlling im Krankenhaus
ISBN 978-3-658-31490-3   ISBN 978-3-658-31491-0 (eBook)
https://doi.org/10.1007/978-3-658-31491-0

Die Deutsche Nationalbibliothek verzeichnet diese Publikation in der Deutschen Nationalbibliografie; detaillierte
bibliografische Daten sind im Internet über http://dnb.d-nb.de abrufbar.

Springer Gabler ist ein Imprint der eingetragenen Gesellschaft Springer Fachmedien Wiesbaden GmbH und ist
ein Teil von Springer Nature.
Die Anschrift der Gesellschaft ist: Abraham-Lincoln-Str. 46, 65189 Wiesbaden, Germany

Vorwort des Herausgebers

Das Qualitäts- und Risikomanagement in Gesundheitsreinrichtungen ist schon lange Zeit ein Thema in Gesundheitseinrichtungen. Dabei ist ein Wandel der Thematik und Bearbeitung dieses wichtigen Themas feststellbar. Während früher bei Risiken an den Arzt oder Apotheker gedacht wurde, stehen heute Diskussionen um ausgefeilte anwendungsorientierte Verfahren, Methoden und Modelle im Vordergrund. Damit zusammenhängend sind Krankenhäuser auf der Suche nach in sich abgestimmten optimalen Modellen, um Risiken zu vermeiden, zu senken oder früher zu erkennen, um Anpassungsmaßnahmen ergreifen zu können. Gleichzeitig werden Handlungsempfehlungen ausgearbeitet, um Qualität gezielt zu erhöhen. Dazu sind konstruktiv-kritische Analysen der einzelnen anwendungsorientierten Modelle vorzunehmen, um für das entsprechende Krankenhaus die geeignete Methode auswählen und Handlungsempfehlungen geben zu können. Dabei sind zu die Ausgangsdaten, die rechtlichen Rahmensetzungen und die Grundsätze und Methoden der untersuchten Systeme differenziert darzustellen und zu beachten.

Ein weiterer Wandel ist dahingehend zu konstatieren, dass Qualität und Risiko mit anderen Instrumenten verknüpft werden, um so Synergieeffekte zu erreichen. Vor allem wird Fachlichkeit mit dem Aspekt des Controllings oder des Prozessmanagements zusammengebracht, mit der Patientensicherheit kombiniert oder Qualität und Risiko werden aufeinander abgestimmt.

In einem wichtigen Sammelband[1] zu Risikomanagement in stationären Gesundheitseinrichtungen hat der Herausgeber schon 2011 darauf hingewiesen, dass die unterschiedlichen Professionen (von Arzt bis Kaufmann, von Pflege bis Therapeut) zusammen arbeiten müssen, um erfolgreich Risikomanagement umsetzen zu können. Der oben genannte Wandel macht diese Kooperation und Zusammenarbeit zu einem unabdingbaren und wesentlichen Erfolgsfaktor aus.

Dieses Buch wurde wieder – wie immer in den zurückliegenden neun Bücher in dieser Reihe – in bewährter Weise von einigen Personen maßgeblich beeinflusst: Margit Schlomski hat das Buch von den ersten Überlegungen an bis zur Drucklegung fachlich

---

[1] Zapp, Winfried (Hrsg.): Risikomanagement in Stationären Gesundheitsunternehmungen. Grundlagen, Relevanz und Anwendungsbeispiele aus der Praxis. medhochzwei-Verlag, Heidelberg 2011

qualifiziert begleitet, unterstützt durch Merle Kammann. Ihre hilfreichen Hinweise und ihre Mut machende Unterstützung haben wesentlich zum Gelingen dieses Buches beigetragen. Ihre weitreichenden Erfahrungen hat sie wieder in diese Buchreihe eingebracht – ganz herzlichen Dank dafür.

Gleichzeitig ist dieser Band ein kleines Jubiläum, denn mit diesem Buch zum Thema Qualitäts- und Risikomanagement im Krankenhaus wird der zehnte Band der Reihe Controlling im Krankenhaus herausgegeben. Der erste Band erschien 2013. Im Vordergrund dieser einzelnen Bücher zu unterschiedlichen Themen stand als Untertitel stets: „Analyse – Verfahren – Praxisbeispiele". Das heißt: Ausgangsbasis sind immer theoriefundierte Analysen, denn nur mit einem theoretischen Überbau können qualifizierte Analysen durchgeführt werden. Es werden unterschiedliche Verfahren abgehandelt, damit der Leser selbst entscheiden kann, welches Verfahren seinem Haus am besten entspricht. Und die Beiträge sind entweder mit Praxisbeispielen hinterlegt oder anwendungsorientiert dargestellt.

Dazu möchte dieses Buch Unterscheidungsmöglichkeiten aufzeigen und Entscheidungshilfen geben, um die Geschäftsführung eines Krankenhauses in die Lage zu versetzen, entscheidungsrelevante Informationen zur Verfügung zu stellen.

Der Leser[2] erfährt (hoffentlich) in dem hier vorliegenden Band auch, wie bedeutend das Managen von Qualität und Risiko ist, und erkennt die herausgearbeiteten Handlungsmöglichkeiten, um aktiv agieren zu können.

Osnabrück, Deutschland   Winfried Zapp
Juli 2020

---

[2] Im Folgenden wird aus Gründen der Lesbarkeit bei Personenbezeichnungen ausschließlich die männliche Form verwendet. Es können dabei aber sowohl männliche als auch weibliche Personen gemeint sein.

Inhaltsverzeichnis

Herausgeber- und Autorenverzeichnis

Über den Herausgeber

 **Winfried Zapp** Studium der Wirtschaftswissenschaften; Dipl. Ökonom; Wissenschaftlicher Mitarbeiter; Promotion zum Dr. rer. pol.; Assistent des Verwaltungsleiters in einem Evangelischen Krankenhaus, gleichzeitig Traineeprogramm für Führungsnachwuchskräfte des Berufsbildungswerks Deutscher Krankenhäuser (BBDK); Krankenhausbetriebsleiter und in Personalunion Finanzleiter in einer Komplexeinrichtung; bis 2019 Professor an der Hochschule Osnabrück mit dem Lehrgebiet Allgemeine Betriebswirtschaftslehre, Rechnungswesen und Controlling in Gesundheitseinrichtungen. Forschungsschwerpunkte: Internes Rechnungswesen (KLEE-Rechnung), Prozessmanagement, Controlling. Seine Schwerpunkte liegen jetzt auf Controllingkonzeptionen und Ethik.

Autorenverzeichnis

John Ahrens Studium der Betriebswirtschaftslehre; Dipl. Kfm.; Master in Health and Medical Management (MHMM); Ausgebildeter Wirtschaftsmediator und Systemischer Business Coach; Krankenhausberater bei der Haarmann Hemmelrath Management Consultants GmbH; Geschäftsführender Gesellschafter der Prof. ter Haseborg & Pinnau GmbH-Beratung im Gesundheitswesen; Leitung Geschäftsbereich Controlling der Albertinen-Gruppe in Hamburg; Leitung Projekt-, Prozess- und Kostenmanagement im Marienkrankenhaus in Hamburg; Lehrbeauftragter an der Hochschule Osnabrück im Lehrgebiet Allgemeine Betriebswirtschaftslehre, Rechnungswesen und Controlling in Gesundheitseinrichtungen; Projektmanager und Teamleiter Consulting bei der K|M|S Vertrieb und Services AG; Selbständiger Berater und Coach im Gesundheitswesen

Valerie-Celine Niemeijer M.A. Ausbildung zur Physiotherapeutin; Bachelorstudium „Ergotherapie, Logopädie, Physiotherapie" (B.Sc.) an der Hochschule Osnabrück; Masterstudium „Management im Gesundheitswesen" (M.A.) an der Hochschule Osnabrück; Mitarbeiterin im Bereich Finanzen und Controlling

Klinische Behandlungspfade als Instrument zur Unterstützung des Qualitäts- und Risikomanagements

1

John Ahrens

1.1 Einleitung

Durch das am 1. Januar 2016 in Kraft getretene Krankenhausstrukturgesetz[1] (KHSG) spielt die Qualität der Krankenhausversorgung „zukünftig eine noch größere Rolle und wird strenger kontrolliert und konsequent verbessert".[2] „Das Gesetz stärkt die qualitative Ausrichtung der stationären Versorgung [...] nachhaltig".[3] Wie an diesen Aussagen zu erkennen ist, wird durch das KHSG die Qualität der vollstationären Versorgung im Krankenhaus weiter aufgewertet.

Die Basis dieses Beitrags ist eine Masterarbeit, die im Rahmen des berufsbegleitenden Fernstudiengangs FN2 „Master in Health and Medical Management" verfasst wurde. Der Autor dankt herzlich Herrn Prof. Dr. Schöffski, Inhaber des Lehrstuhls für Gesundheitsmanagement an der Universität Erlangen-Nürnberg, für die Freigabe der Masterarbeit zur Veröffentlichung.

---

[1] Gesetz zur Reform der Strukturen der Krankenhausversorgung (2015).
[2] Bundesgesundheitsministerium (2016).
[3] Rau (2015), S. 1121.

J. Ahrens (✉)
JACoCo - Beratung im Gesundheitswesen, Hamburg, Deutschland
E-Mail: john.ahrens@jacoco-health.com

Das KHSG formuliert mehrere Maßnahmen, die zum Ziel die Stärkung der Qualität der Krankenhausversorgung haben.[4] Es sind insbesondere zwei Maßnahmen hervorzuheben, die in ihren Auswirkungen ein absolutes Novum für Krankenhäuser in Deutschland darstellen. Zum einen soll die Qualität einer Einrichtung direkten Einfluss auf die Krankenhausplanung nehmen. Zum anderen können Qualitätsunterschiede in der Versorgung mit vergütungsrelevanten Zu- und Abschlägen belegt werden.[5] Zur Unterstützung der Umsetzung der genannten Punkte wurde Anfang 2015 das Institut für Qualität und Transparenz im Gesundheitswesen (IQTIG) gegründet. Das Institut ist damit beauftragt, qualitätsbezogene Kriterien sowohl für die Krankenhausplanung als auch für die Umsetzung der Zu- und Abschläge zu erarbeiten.[6]

Begleitend zu den zwei ausgeführten Maßnahmen ist die Verbindlichkeit der Qualitätssicherungsrichtlinien, die durch den Gemeinsamen Bundesausschuss (G-BA) erlassen werden, mit dem KHSG erhöht worden. Sollten die in den Richtlinien formulierten Anforderungen nicht eingehalten werden, kann das zu Vergütungsabschlägen bis hin zu einem generellen Wegfall des Vergütungsanspruchs führen. Zudem können die Versäumnisse veröffentlicht werden.[7] Damit können Verfehlungen im Bereich der Qualität über die o. g. Auswirkungen direkten Einfluss auf die Wettbewerbsfähigkeit eines Krankenhauses nehmen.

Die neue Qualitätsmanagement-Richtlinie (QM-RL) des G-BA ist zum 16. Dezember 2016 in Kraft getreten. In der Richtlinie werden Anforderungen an ein internes Qualitätsmanagement formuliert. Darüber hinaus wird das Risikomanagement als wesentlicher Bestandteil genannt. Durch die gerade beschriebene gesteigerte Verbindlichkeit der Richtlinien erhält nicht nur das Qualitätsmanagement, sondern auch das Risikomanagement in Krankenhäusern zusätzliches Gewicht. „Das in Deutschland seit 15 Jahren etablierte institutionelle Qualitäts- und Risikomanagement hat eine beachtliche Kompetenz hervorgebracht, wird aber nur wenig auf der strategischen Ebene angesprochen, da die Strategie von Einrichtungen im Gesundheitswesen allein mengen- und erlösorientiert ist".[8] Es lässt sich folgern, dass spätestens mit dem KHSG und der QM-RL das Qualitäts- und Risikomanagement für Krankenhäuser eine herausragende strategische Bedeutung erhalten hat.

Krankenhäuser, die in den kommenden Jahren erfolgreich im Gesundheitsmarkt bestehen möchten, müssen auf die neuen Herausforderungen reagieren. Im Rahmen dieses Buches werden klinische Behandlungspfade als eine mögliche Antwort auf die o. g. veränderten Rahmenbedingungen betrachtet. Klinische Behandlungspfade sind kein neues Instrument und werden spätestens seit der Einführung der DRG-Fallpauschalen in der Literatur diskutiert.[9] Die Einführung des Fallpauschalensystems hat die Verweildauer der

---

[4]Vgl. Rau (2015), S. 1122.

[5]Vgl. Rau (2015), S. 1122–1126.

[6]Vgl. Roeder et al. (2015), S. 627–628.

[7]Vgl. Rau (2015), S. 1123.

[8]Schrappe (2015), S. 172.

[9]Vgl. Kahla-Witzsch und Geisinger (2004), S. 9.

Krankenhausbehandlung zu einem zentralen Thema sowohl für die Abrechnung der erbrachten Leistungen als auch für die interne Steuerung von Prozessen werden lassen.[10] Die Optimierung von Behandlungsabläufen wurde damit zu einer strategischen Aufgabe.[11] Im Fokus standen dabei zunächst die ökonomischen Anreize, auch wenn der Gesetzgeber verpflichtende externe Qualitätssicherungsmaßnahmen erlassen hatte.[12]

Die Optimierung der Behandlungspfade kann ebenfalls aus der Perspektive des Qualitäts- und Risikomanagements betrachtet werden. Im Rahmen des Fachbeitrags wird die Fragestellung diskutiert, ob klinische Behandlungspfade als Instrument des Qualitäts- und Risikomanagements geeignet sind. In diesem Zusammenhang wird die organisatorische Ausgestaltung hervorgehoben. Es werden unterschiedliche Ansätze zur konkreten Umsetzung von klinischen Behandlungspfaden in Krankenhäusern vorgestellt und miteinander in Beziehung gesetzt. Die dazu notwendigen Rahmenbedingungen werden herausgearbeitet. Die wesentliche Zielsetzung ist, die klinischen Behandlungspfade so in die organisatorische Umgebung einzubetten, dass eine zielorientierte und nachhaltige Nutzung vor dem Hintergrund des Qualitäts- und Risikomanagements möglich wird.

Zur Beantwortung der Fragestellung werden im folgenden Abschnitt die Grundlagen zum Qualitäts- und Risikomanagement im deutschen Gesundheitswesen erläutert. Dabei werden die Anforderungen genannt und erklärt, die an das Qualitäts- und Risikomanagement gestellt werden. Am Ende des Abschnitts wird der Zusammenhang zwischen dem Qualitäts- und dem Risikomanagement herausgearbeitet, um zu klären, ob die klinischen Behandlungspfade sowohl für das Qualitäts- als auch für das Risikomanagement als Instrument genutzt werden können.

Der dritte Abschnitt stellt zu Beginn die theoretischen Grundlagen der klinischen Behandlungspfade vor. Dabei werden die Zielsetzungen und die Auswirkungen der Behandlungspfade erläutert. Folgend steht die konkrete Ausgestaltung der klinischen Behandlungspfade im Mittelpunkt. In diesem Zusammenhang werden die wesentlichen Eigenschaften herausgearbeitet. Am Ende des Abschnitts werden die klinischen Behandlungspfade als Instrument des Qualitäts- und Risikomanagements betrachtet und über die gemeinsamen Zielsetzungen und Auswirkungen in Zusammenhang gebracht.

Der vierte Abschnitt widmet sich der organisatorischen Ausgestaltung, die für einen zielführenden Einsatz von klinischen Behandlungspfaden als Instrument des Qualitäts- und Risikomanagements notwendig ist. Zunächst wird das klinische Prozessmanagement als organisatorischer Rahmen dargestellt. Es folgt eine Beschreibung des Casemanagements, das eingebettet in ein klinisches Prozessmanagement als treibende Kraft genutzt werden kann. Abschließend werden als Hilfsmittel zur Steuerung der klinischen Behandlungspfade Kennzahlen und Kennzahlensysteme beschrieben, die für die notwendige Transparenz sorgen können.

---

[10]Vgl. Lüngen und Lauterbach (2003), S. 125–129.

[11]Vgl. Pfannstiel und Weiß (2016), S. 13–14.

[12]Vgl. Kahla-Witzsch und Geisinger (2004), S. 9–10.

Im abschließenden Abschnitt werden die wesentlichen Erkenntnisse der Arbeit zusammenfassend dargestellt und die dargelegten Fragestellungen beantwortet. Das Kapitel endet mit einer persönlichen Einschätzung zur zukünftigen Rolle von klinischen Behandlungspfaden.

1.2   Hinführung zum Thema

1.2.1   Qualitätsmanagement im Gesundheitswesen

1.2.1.1 Qualität und Qualitätsperspektiven

Qualität stellt den Grad der Erfüllung von Qualitätsanforderungen dar. Dabei ist die Qualitätsanforderung als eine Soll-Vorgabe zu verstehen, den Grad der Erfüllung gibt die Ist-Leistung an. Die Qualitätsanforderungen werden definiert durch Erwartungshaltungen unterschiedlicher Interessengruppen und gesetzlicher Erfordernisse. Dabei können diese Anforderungen je nach Blickwinkel und Bezugspunkte unterschiedlich ausfallen. Dieser Umstand führt dazu, dass der Qualitätsbegriff nicht eindimensional verstanden werden kann, sondern immer vor dem Hintergrund der definierten Qualitätsanforderungen interpretiert werden muss.[13]

Die Qualitätsanforderungen lassen sich aus unterschiedlichen Qualitätsperspektiven betrachten. Je nach gewählter Qualitätsperspektive ändert sich die Bedeutung des Qualitätsbegriffs. In der Abb. 1.1 sind die wesentlichen Perspektiven abgebildet.

Die kundenbezogene Qualität zeichnet sich durch die Fokussierung der Bedürfnisse, Erwartungen und Wünsche der Kunden aus.[14] Der Stellenwert dieser Qualitätsperspektive wird durch die DIN EN ISO 9001:2015[15] hervorgehoben. In dieser Norm wird als wesentliches Ziel die stetige Steigerung der Zufriedenheit der Kunden genannt. Dabei ist der Begriff „Kunde" weit gefasst. Es geht nicht nur um den Patienten als Kunden, sondern auch um andere Kundengruppen, wie z. B. die Sozialleistungsträger oder auch niedergelassene Ärzte.[16]

Mit der professionsbezogenen Qualität ist in erster Linie die Versorgungs- bzw. Behandlungsqualität gemeint, die durch die entsprechenden Experten erbracht wird. Dabei handelt es sich im Gesundheitswesen in erster Linie um Ärzte, Pflegekräfte und Therapeuten. Die managementbezogene Qualität bezieht sich auf die Bereitstellung organisatorischer Rahmenbedingungen, die eine Erfüllung von Qualitätsanforderungen bestmöglich unterstützen.[17] Übergeordnete Anspruchsgruppen, wie z. B. die Öffentlichkeit oder die

---

[13]Vgl. Hensen (2016), S. 14–15.

[14]Vgl. Hensen (2016), S. 16 und Schäfer und David (2004), S. 304–305.

[15]Hierbei handelt es sich um eine weltweit anerkannte Norm für den Nachweis von Qualitäts-managementsystemen. Vgl. Wolf und Kossack (2016), S. 13.

[16]Vgl. Wolf und Kossack (2016), S. 15–17.

[17]Vgl. Hensen (2016), S. 16.

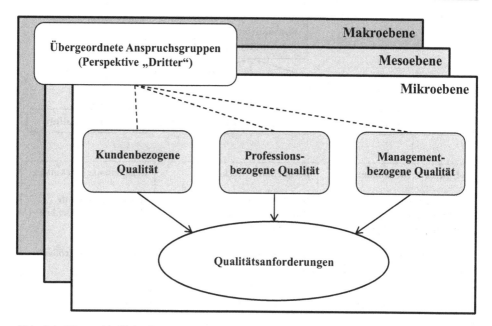

Abb. 1.1 Unterschiedliche Qualitätsperspektiven (in Anlehnung an Hensen 2016, S. 17)

Politik, definieren Qualitätsanforderungen für die Mikroebene und nehmen damit Einfluss auf die Ausgestaltung des Qualitätsbegriffs.[18]

1.2.1.2 Qualitätsmodelle und Qualitätsdimensionen

Um Qualität messbar zu machen und gestalten zu können, sind Qualitätsmodelle notwendig. Qualitätsmodelle sind theoretische Konstrukte, die auf Basis von Bezugsgrößen Wechselwirkungen zwischen verschiedenen Qualitätsdimensionen beschreiben. Die Bezugsgrößen leiten sich aus den Qualitätsanforderungen ab.[19]

Die Qualitätsdimensionen spielen eine wesentliche Rolle für das Verständnis der Untersuchungsobjekte bzgl. des Qualitätsbegriffs im Gesundheitswesen. Es gibt eine Vielzahl von Qualitätsmodellen mit entsprechend unterschiedlichen Qualitätsdimensionen. Dabei unterscheiden sich die Qualitätsdimensionen sowohl inhaltlich als auch bzgl. des Detaillierungsgrads. Im Gesundheitswesen haben sich die Qualitätsdimensionen nach Donabedian etabliert.[20] In der Abb. 1.2 ist das phasenorientierte Qualitätsmodell mit den Qualitätsdimensionen Strukturqualität, Prozessqualität und Ergebnisqualität nach Donabedian dargestellt.

Die drei dargestellten Qualitätsdimensionen stehen in Beziehung zueinander. Die Strukturqualität ermöglicht Prozessqualität, aber eine gute Strukturqualität muss nicht au-

---

[18] Vgl. Hensen (2016), S. 17.

[19] Vgl. Hensen (2016), S. 18–21.

[20] Vgl. Hensen (2016), S. 24.

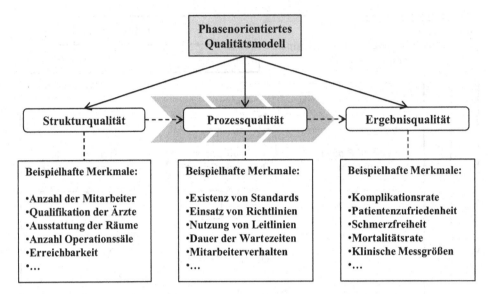

Abb. 1.2 Phasenorientiertes Qualitätsmodell nach Donabedian (in Anlehnung an Hensen 2016, S. 25–27)

tomatisch zu einer guten Prozessqualität führen. Ebenso ist die Prozessqualität Voraussetzung für die Ergebnisqualität, aber eine gute Prozessqualität reicht nicht für eine gute Ergebnisqualität aus.[21]

Der im Krankenhaus allgemein verwendete Qualitätsbegriff speist sich aus den Faktoren, die Einfluss auf die Qualitätsdimensionen nehmen. Dabei wird, wie in der Tab. 1.1 dargestellt, zwischen exogenen und endogenen Faktoren unterschieden. Die wahrgenommene Gesamtqualität eines Krankenhauses wird wesentlich durch den Umgang mit den dargestellten Faktoren geprägt.[22]

Damit die verschiedenen Aspekte der Qualitätsdimensionen im Krankenhaus Berücksichtigung finden und die entsprechenden Qualitätsanforderungen erfüllt werden können, ist die Etablierung eines Qualitätsmanagements notwendig.[23]

1.2.1.3 Ausgestaltung im Krankenhaus
Die wesentliche Aufgabe des Qualitätsmanagements im Krankenhaus ist die Qualitätsverbesserung. Dabei stellt das Qualitätsmanagement Methoden und Prinzipien zur Verfügung, die eine Qualitätsverbesserung ermöglichen. Die erreichten Verbesserungen sollen dabei durch konkrete Veränderungen in der Organisationsstruktur des Krankenhauses nachhaltig verankert werden.[24] Damit geht das Qualitätsmanagement über die Anforde-

---

[21]Vgl. Hensen (2016), S. 24–26.

[22]Vgl. Hahne (2011), S. 51–53.

[23]Vgl. Hensen (2016), S. 39.

[24]Vgl. Köck (2004), S. 291–292.

Tab. 1.1 Einflussfaktoren auf den Qualitätsbegriff (in Anlehnung an Hahne 1999, S. 36)

Qualitätsdimensionen	Beeinflussende Faktoren		
		Endogene Faktoren (subjektiv)	
	Exogene Faktoren (objektiv)	Führungs-/ mitarbeiterseitig	Patienten-/ kundenseitig
Struktur	Finanzielle Ausstattung Räumliche Ausstattung Technische Ausstattung Personelle Ausstattung	Kultur, Werte, Ethik Geisteshaltung Persönlichkeit Leitbild/ Politik des Hauses	Geisteshaltung Persönlichkeit Erfahrungen
Prozess	Gestaltung der Prozesse, der Abläufe Optimierung von Nahtstellen zwischen Abteilungen/Einrichtungen	Führungsverhalten Verhalten der Mitarbeiter untereinander Verhalten gegenüber den Patienten/Kunden	Aktive Teilnahme am Heilungsprozess Verhalten gegenüber den Mitarbeitern
Ergebnis	Medizinischer Outcome Pflegerischer Outcome Wirtschaftlichkeit Umweltbilanz	Zufriedenheit Arbeitsklima Identifikation Gesundheit	Zufriedenheit Lebensqualität Verbundenheit

rungen an die Qualitätssicherung hinaus, die darauf ausgerichtet ist, Qualitätsanforderungen zu erfüllen. Die Qualitätssicherung kann in diesem Zusammenhang als Teil des Qualitätsmanagements angesehen werden.[25]

Die Qualitätssicherung und die Qualitätsverbesserung sind, wie erwähnt, Bestandteile des Qualitätsmanagements. Dennoch entfalten sie eigene Wirkung im Rahmen der Qualitätsgestaltung.[26] Das Qualitätsmanagement bleibt dabei durch die Aufgaben des Leitens und Lenkens als übergeordnete Klammer stehen und strukturiert die Maßnahmen der Qualitätssicherung und der Qualitätsverbesserung. Die Zusammenhänge der Wirkkonzepte sind in der Abb. 1.3 dargestellt.

Wie bereits einleitend erwähnt, ist die Qualitätsverbesserung das wesentliche Ziel des Qualitätsmanagements. Wie in Abb. 1.3 zu erkennen, wird die Qualitätsverbesserung darüber hinaus als eigenständiges Wirkkonzept der Qualitätsgestaltung verstanden. Dabei ist die einmalige Verbesserung nicht entscheidend, sondern es geht um stetige Verbesserung. Um dieses Ziel zu erreichen, nutzt das Qualitätsmanagement die Methode des Qualitätsmanagement-Kreislaufs und erweitert diese um Ansätze der kontinuierlichen Qualitätsverbesserung.[27]

---

[25]Vgl. Hahne (2011), S. 55.

[26]Vgl. Hensen (2016), S. 49.

[27]Vgl. Hensen (2016), S. 60–63.

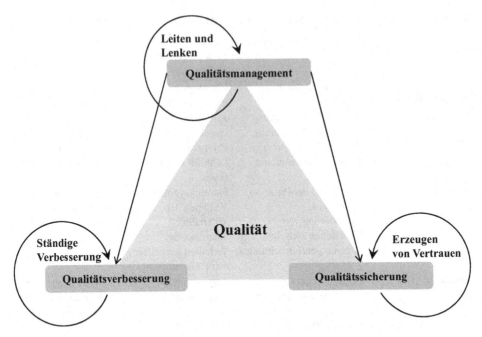

Abb. 1.3 Wirkkonzepte der Qualitätsgestaltung (eigene Darstellung, modifiziert nach Hensen 2016, S. 49)

Der Qualitätsmanagement-Kreislauf basiert auf dem PDCA-Zyklus.[28] Um der kontinuierlichen Qualitätsverbesserung Ausdruck zu verleihen, wird der klassische PDCA-Zyklus als Basis für eine Qualitätsspirale genutzt. Wesentliches Ziel dabei ist, den in der Abb. 1.4 dargestellten Aufwärtstrend im Qualitätsniveau stetig fortzuführen.

Qualitätsmanagement-Ansätze im Krankenhaus zeichnen sich durch das Vorhandensein bestimmter Gestaltungselemente aus. Dabei handelt es sich um die Bereiche und Themenfelder, in denen das Qualitätsmanagement in erster Linie wirkt und in denen der Charakter der Nachhaltigkeit am deutlichsten zum Ausdruck kommt. Die wichtigsten Gestaltungselemente des Qualitätsmanagements sind in der Tab. 1.2 aufgeführt.

Die genannten Gestaltungselemente grenzen das moderne Qualitätsmanagement im Krankenhaus von früheren Ansätzen der reinen Qualitätssicherung deutlich ab.

---

[28] Der PDCA-Zyklus ist ein weltweit anerkannter Regelkreis und wurde von William E. Deming entwickelt. PDCA steht für Plan-Do-Check-Act.

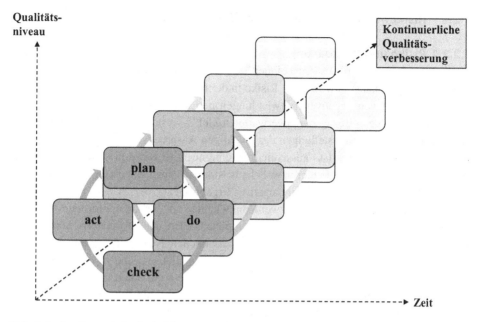

Abb. 1.4 Qualitätsspirale (in Anlehnung an Hensen 2016, S. 62)

Tab. 1.2 Eckpunkte des Qualitätsmanagements (eigene Darstellung, modifiziert nach Köck 2004, S. 292–293)

Charakteristikum	Beschreibung
Prozessorientierung	Die Prozesse sind das wesentliche Objekt der Qualitätsverbesserung. Nur über die Optimierung der Prozesse ist es möglich, Qualität nachhaltig sicherzustellen.
Kundenorientierung	Die Qualität wird an der Erfüllung der Kundenbedürfnisse gemessen. Die Kundenbedürfnisse sind somit Ziel- und Messgrößen.
Kontinuierliche Verbesserung	Qualität wird als dynamisch verstanden. Somit müssen die Qualitätsmaßnahmen im Sinne der Qualitätsspirale stetig angepasst und optimiert werden.
Fehlerprävention	Letztendlich geht es beim Qualitätsmanagement darum, alle Fehler zu vermeiden. Solange noch Fehler passieren, sind Qualitätsverbesserungen möglich. Schnittstelle zum Risikomanagement.
Organisationsentwicklung	Die Organisationsentwicklung sorgt dafür, dass die Verbesserungen nachhaltig in die Organisation integriert werden. Sie ist Folge und Voraussetzung für Qualitätsverbesserungen.

1.2.2 Risikomanagement im Gesundheitswesen

1.2.2.1 Risiko und Risikoarten

Für den Begriff Risiko gibt es keine einheitliche Definition.[29] Im Zusammenhang mit dem Risiko in Krankenhäusern wird unter Risiko in der Regel „die Eintrittswahrscheinlichkeit oder Möglichkeit von negativen Entwicklungen und Ereignissen oder die Abweichung einer Ergebnisgröße in Bezug zu dem erwarteten Ziel"[30] verstanden. Die Bewertung hängt von den Wert- und Zielvorstellungen der jeweiligen Anspruchsgruppen ab. Beim Risiko wird davon ausgegangen, dass ausschließlich eine negative Bewertung getroffen wird.[31] Sollte aus einem Risiko ein Fehler bzw. Schadensfall entstehen, hat dieser immer negative Auswirkungen, es entsteht somit ein negatives Ergebnis.[32]

Die Risikodefinition lässt sich in zwei Komponenten einteilen, die informatorische Risikokomponente und die wertende Risikokomponente. Bei der informatorischen Risikokomponente handelt es sich um eine Ungewissheit bei dem Entscheidungssubjekt. Die zu treffenden Entscheidungen und durchzuführenden Handlungen sind in den Folgen und Nebenfolgen ungewiss. Die wertende Risikokomponente greift den o. g. Aspekt auf, dass die Folge des Risikos immer negativ ist. Die erwarteten Ergebnisse werden durch Zielsetzungen gewertet. Nur in Kombination der zwei genannten Komponenten kann von Risiko gesprochen werden.[33]

Wie sich erkennen lässt, haben Risiken einen prospektiven Charakter. Identifizierte Risiken werden daher in drei Dimensionen beschrieben. Dabei handelt es sich um die Beschreibung des Risikos an sich, die Beschreibung der Ursachen des Risikos und um die potenziellen Auswirkungen des Risikos, wenn der entsprechende Fehler eintritt.[34] Drüber hinaus lassen sich Risiken im Krankenhaus in unterschiedliche Risikoarten einteilen, wie in der Tab. 1.3 dargestellt. Weiterführende Modelle unterscheiden zudem die Risikoarten oder auch Risikokategorien nach branchenspezifischen und strukturspezifischen Risiken.[35] Im Rahmen dieser Arbeit wird in erster Linie auf die klinischen Risiken Bezug genommen, wobei Überschneidungen mit anderen Risikoarten vorhanden sind.

Das Risiko an sich ist aufgrund des prospektiven Charakters zunächst ohne konkrete Folgen. Risiken begünstigen aber Fehler und Fehlverhalten. Erst mit dem Fehler zeigen sich die Auswirkungen, wobei nicht alle Fehler aufgrund vorher bekannter Risiken entstehen. Das Risiko wird dadurch erst in der Rückschau erkannt und verstanden.

---

[29] Vgl. Pietrowski und Ennker (2007), S. 3 und Middendorf (2006b), S. 18.

[30] Wolter (2014), S. 195.

[31] Vgl. Pietrowski und Ennker (2007), S. 3.

[32] Vgl. Kahla-Witzsch (2005), S. 13–14.

[33] Vgl. Oswald et al. (2011), S. 8.

[34] Vgl. Wolter (2014), S. 195–196.

[35] Vgl. Führing und Gausmann (2004), S. 22–23.

Tab. 1.3 Arten von Risiken (eigene Darstellung, modifiziert nach Wolter 2014, S. 196, und Hensen 2016, S. 312)

Arten von Risiken	Beschreibung
Technische Risiken	Risiken durch Geräte, Materialien oder Anlagen
Finanzwirtschaftliche Risiken	Risiken des finanzwirtschaftlichen Unternehmensbereichs
Management- und Organisationsrisiken	Risiken im Rahmen der Planung, Gestaltung und Steuerung von Einrichtungen
Externe Risiken	Risiken, die nicht intern durch das Unternehmen bedingt sind
Klinische Risiken	Risiken, die im Rahmen der Patientenversorgung entstehen

1.2.2.2 Fehler und Fehlermodelle

Eine einheitliche Definition des Begriffs Fehler ist in der Literatur nicht vorhanden.[36] Hilfreich für das Verständnis von Fehlern ist ein Blick aus der Sicht des aufgetretenen Schadens. Im Gesundheitswesen steht der Schaden am Patienten, und damit die Patientensicherheit, im Vordergrund. Meist manifestiert sich ein Schaden am Patienten in einem Behandlungsfehler. Der Schaden entsteht beim Zusammentreffen von einem unerwünschten Ereignis und einem Fehler, wobei ein kausaler Zusammenhang zwischen dem Fehler und dem unerwünschten Ereignis, wie in der Abb. 1.5 veranschaulicht, besteht.[37]

Der Fehler wird in diesem Zusammenhang auf Basis des Institute of Medicine Report „To Err Is Human"[38] in zwei mögliche Ursachen aufgeteilt. Zum einen in den Planungsfehler, bei dem der Grund für den Fehler ein falsches Vorgehen bzw. eine falsche Planung war und zum anderen in den Durchführungsfehler, bei dem die geplante Handlung nicht korrekt ausgeführt bzw. durchgeführt wurde. In Konsequenz können beide Stränge in Kombination mit einem unerwünschten Ereignis zu einem Schaden führen. Tritt kein unerwünschtes Ereignis ein, handelt es sich um einen Beinahe-Schaden bzw. Beinahe-Fehler. Auch möglich sind unerwünschte Ereignisse, die nicht auf einem Fehler beruhen.

Zur Erklärung der Entstehung von Fehlern sind Fehlermodelle entwickelt worden. Ein aktuell häufig verwendetes Modell ist das Fehlermodell nach Reason.[39] Dabei gibt es eine Vielzahl von Weiterentwicklungen, die auf dem Werk von Reason basieren.[40] In der Abb. 1.6 ist die Weiterentwicklung durch Coombes[41] dargestellt, die von der WHO in dem „Patient Safety Curriculum Guide"[42] aufgenommen wurde.

Das Modell geht davon aus, dass es latente Faktoren gibt, die den Weg für einen Schaden bereiten. Dabei handelt es sich z. B. um schlecht herausgearbeitete oder undefinierte

---

[36] Vgl. Kahla-Witzsch (2005), S. 16.
[37] Vgl. Schrappe (2004), S. 334.
[38] Vgl. Kohn et al. (1999), S. 28.
[39] Vgl. Reason (1990), auch als Swiss cheese model oder Schweizer-Käse-Modell bekannt.
[40] Vgl. Georg (2009), S. 517–518 und Euteneier und Bauer (2015), S. 65–67 und Bühle (2014), S. 46–47.
[41] Vgl. Coombes et al. (2008), S. 89–94.
[42] Vgl. WHO (2011), S. 98–99.

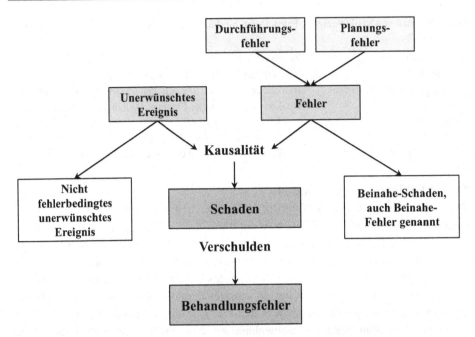

Abb. 1.5 Zusammenhang zwischen Schaden und Fehler (eigene Darstellung, modifiziert nach Kahla-Witzsch 2005, S. 18, und Schrappe 2004, S. 334)

Prozesse. Kommen weitere fehlerbegünstigende Faktoren hinzu, wie z. B. ein hektisches Umfeld oder auch fehlende Kompetenz, wird ein Fehler wahrscheinlicher, anders ausgedrückt, das Risiko nimmt zu. Wenn es in dem Modell zu einem aktiven Fehler kommt und keine Abwehrbarrieren greifen, entsteht ein Schaden.[43]

Der Einfluss von Fehlern auf das Risiko eines Unfalls oder Schadens ist deutlich zu erkennen. Daher wird das Fehlermanagement häufig in das Risikomanagement implizit oder explizit integriert, wie im folgenden Unterabschnitt ausgeführt wird.

1.2.2.3 Ausgestaltung im Krankenhaus

Die wesentliche Aufgabe des Risikomanagements ist „die zielgerichtete Planung, Koordination, Ausführung und Kontrolle von Maßnahmen, die dazu dienen, dass Risiken nicht schlagend werden und die Systemziele wie geplant erreicht werden können"[44] Dabei sind unter Risiken nicht nur die klinischen, sondern zunächst alle Risiken gemeint.[45] Das Risikomanagement ist eine strategische Aufgabe und sollte von der Geschäftsleitung direkt gefordert und entsprechend unterstützt werden.[46]

---

[43]Vgl. Euteneier und Bauer (2015), S. 65–67.

[44]Middendorf (2006b), S. 24.

[45]Zu den unterschiedlichen Risikoarten vgl. Abschn. 1.2.2.1.

[46]Vgl. Kahla-Witzsch (2011), S. 213.

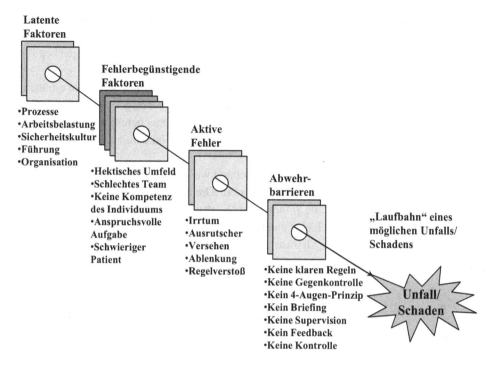

Abb. 1.6 Fehlertrajektorie, Abwehrbarrieren und Schadensentstehung (in Anlehnung an Euteneier und Bauer 2015, S. 66, und Bühle 2014, S. 47, modifiziert nach WHO 2011, S. 99, und Coombes et al. 2008, S. 89–94)

Abb. 1.7 Risikomanagementprozess (vgl. Middendorf 2006a, S. 61)

Zur Strukturierung der wesentlichen Aktivitäten im Risikomanagement hat sich der Risikomanagementprozess etabliert.[47] Hierbei handelt es sich um einen Regelkreis, der, wie die Abb. 1.7 darstellt, die vier Phasen Risikoidentifikation, -bewertung, -bewältigung und -controlling in Beziehung zueinander setzt. Entscheidend ist bei dem Risikomanagementprozess der wiederholende Charakter, ähnlich dem klassischen PDCA-Zyklus.[48]

Im Rahmen dieses Buches wird aufgrund der Fragestellung das klinische Risikomanagement fokussiert. Hierbei ist die wesentliche Aufgabe die „Verbesserung der

---

[47]Vgl. Bitz (2000), S. 25.

[48]Der PDCA-Zyklus ist ein weltweit anerkannter Regelkreis und wurde von William E. Deming entwickelt. PDCA steht für Plan-Do-Check-Act. Zum Zusammenhang mit dem Risikomanagement vgl. Kahla-Witzsch, S. 213.

Patientensicherheit mit dem Ziel, langfristig eine Stärkung der Resilienz gegen Fehler und Regelverstöße zu erreichen".[49] Dabei wird das klinische Risikomanagement als ganzheitliche Aufgabe definiert, die mit unterschiedlichen Elementen in einem umfangreichen Interaktionsraum agiert, wie der Abb. 1.8 zu entnehmen ist.

Im Mittelpunkt steht, getrieben durch den Auftrag, die Patientensicherheit zu erhöhen, der Patient und mit direkter Schnittstelle zu ihm der Patientenversorger. Die Patientenversorger sind in diesem Fall alle am Patientenbehandlungsprozess beteiligten Personen. In letzter Konsequenz geht es um die Vermeidung aller Fehler und damit um die Erreichung einer absoluten Patientensicherheit.

Das Fehlermanagement hat dieselbe Zielstellung wie das Risikomanagement und wird daher häufig in das Risikomanagement integriert. Die aktuellen Trends im Bereich des Fehlermanagements gehen auf die grundlegende Systematik von Heinrichs Gesetz zurück. Das Gesetz beschreibt, dass Schäden nicht zufalls- oder schicksalsbedingt entstehen, sondern den Schäden zahlreiche kleinere Nachlässigkeiten, die einzeln als unbedeutend

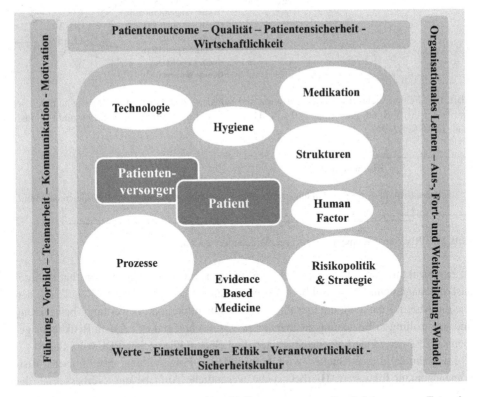

Abb. 1.8 Interaktionsraum des klinischen Risikomanagements (in Anlehnung an Euteneier 2015, S. 5)

---

[49] Euteneier (2015), S. 5.

gewertet werden können, vorausgehen.[50] Die Schlussfolgerung ist, die kleinen Nachlässigkeiten proaktiv zu bekämpfen und mit Hilfe der Fehlererkennung, Fehlervermeidung und Fehlerbehebung die Risiken für den Schadensfall zu reduzieren. Dieses Erklärungsmuster passt inhaltlich zu dem Fehlermodell nach Reason.[51]

In der Konsequenz führt der beschriebene Ansatz dazu, das Risiko- und Fehlermanagement von der anderen Seite her zu denken, wie in Abb. 1.9 dargestellt.

Bei einem von 1000 Patienten tritt ein Schadensfall ein. Bei 300 der Patienten ist ein kleiner Fehler passiert, bei 29 kam es zu einem Beinahe-Unfall. Heinrichs Gesetz legt nahe, die kleinen Fehler aktiv zu reduzieren, um die Risiken für ein Schadensereignis zu minimieren. In der Abb. 1.9 wurden die kleinen Fehler von 300 auf 50 reduziert, was in diesem Beispiel dazu führt, dass bei 1000 Patienten statistisch nur noch 0,3 Schadensfälle eintreten.

1.2.3 Qualitäts- und Risikomanagement im Zusammenspiel

1.2.3.1 Rahmenbedingungen im Krankenhaus

Krankenhäuser sind bereits seit 1989 dazu verpflichtet, an der externen medizinischen Qualitätssicherung teilzunehmen. Seit dem Jahr 2000 sind durch das Inkrafttreten des GKV-Gesundheitsreformgesetztes weitere Maßnahmen hinzugekommen. Zudem ist der verpflichtende Aufbau eines internen Qualitätsmanagements für die Einrichtungen im Gesundheitswesen im § 135a SGB V gesetzlich verankert.[52]

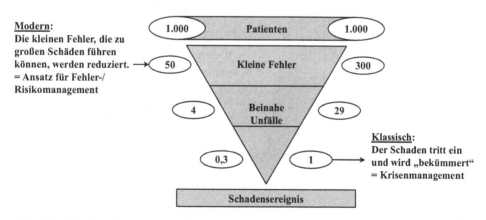

Abb. 1.9 Heinrichs Gesetz und die Konsequenzen (eigene Darstellung, modifiziert nach Eiff 2006, S. 176–177)

---

[50]Vgl. Eiff (2006), S. 175–176.

[51]Vgl. Abschn. 1.2.2.2 und Abb. 1.6.

[52]Vgl. Hensen (2016), S. 51.

Das Risikomanagement im Krankenhaus ist zum einen geprägt durch das Gesetz zur Kontrolle und Transparenz im Unternehmensbereich (KonTraG), das seit 1998 die Einführung von Risikofrüherkennungssystemen fordert.[53] Zum anderen, und im Rahmen dieser Arbeit von größerer Bedeutung, ist im Jahr 2013 das Patientenrechtegesetz in Kraft getreten, in dem ein klinisches Risikomanagement und ein Fehlermeldesystem für die Krankenhäuser vorgeschrieben wird.[54]

Die konkreten Anforderungen für das Qualitäts- und Risikomanagement werden im Krankenhausbereich über die Richtlinien des G-BA geregelt.[55] Die Aufgaben der Leistungserbringer leiten sich aus den Gesetzen und Rechtsverordnungen ab.[56] Die Hierarchie der Normsetzung im Rahmen der Leistungen der Gesetzlichen Krankenversicherung ist in der Abb. 1.10 zu erkennen.

Der G-BA hat mit der QM-RL die aktuell gültigen Voraussetzungen für ein einrichtungsinternes Qualitätsmanagement definiert. Damit wurde die Qualitätsmanagement-Richtlinie Krankenhäuser (KQM-RL) außer Kraft gesetzt. In beiden Richtlinien wird das Risikomanagement genannt. In der KQM-RL wird das klinische Risikomanagement als wesentliches Instrument zur Weiterentwicklung der Patientensicherheit beschrieben, aber es wird nicht in einen direkten Zusammenhang mit dem Qualitätsmanagement gesetzt.[57]

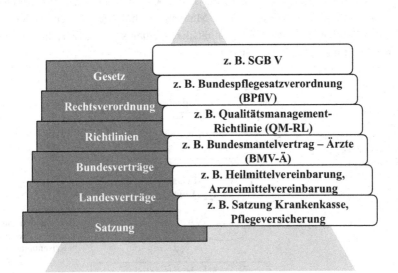

Abb. 1.10 Hierarchie der Normsetzung (in Anlehnung an Hensen 2016, S. 50)

[53] Vgl. Graebe-Adelssen (2003), S. 17–19.
[54] Vgl. Hensen (2016), S. 311.
[55] Vgl. Hensen (2016), S. 51.
[56] Vgl. Hahne (2011), S. 21–23.
[57] Vgl. G-BA (2014), S. 5.

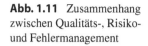

Abb. 1.11 Zusammenhang zwischen Qualitäts-, Risiko- und Fehlermanagement

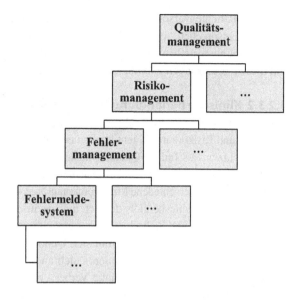

Im Gegensatz dazu wird in der QM-RL nicht nur die Wichtigkeit für die Patientensicherheit hervorgehoben, sondern das Risikomanagement wird explizit als Qualitätsmanagement-Instrument aufgeführt.[58]

In beiden Richtlinien wird das enge Verhältnis von klinischem Risikomanagement und dem Umgang mit Fehlern betont. In der aktuell gültigen QM-RL wird das Fehlermanagement als Bestandteil des Risikomanagements definiert.[59] In der KQM-RL hingegen wurde in erster Linie auf die Bedeutung von Fehlermeldesystemen hingewiesen, aber das Fehlermanagement nicht dem Risikomanagement zugeordnet.[60] Es kann festgehalten werden, dass der G-BA das geforderte Zusammenspiel von Qualitäts-, Risiko- und Fehlermanagement in der aktuellen Richtlinie präzisiert hat. Die Abb. 1.11 zeigt die Zusammenhänge auf Basis der QM-RL.

Ein weiterer Aspekt ist in der QM-RL herausgearbeitet und präzisiert worden. Es wird von den Leistungserbringern gefordert, dass konkrete Qualitätsziele zur Struktur-, Prozess- und Ergebnisqualität festgelegt werden.[61] Damit die Zielerreichung beurteilt werden kann, sollen die Ziele gemessen und bewertet werden. Dazu werden Kennzahlen und Qualitätsindikatoren als mögliche Hilfsmittel genannt.[62]

Ein vor dem Hintergrund der möglichen Nutzung von klinischen Behandlungspfaden hervorzuhebender Aspekt betrifft die Ablaufbeschreibungen für „die wesentlichen Pro-

---

[58] Vgl. G-BA (2016), S. 5–7.

[59] Vgl. G-BA (2016), S. 7.

[60] Vgl. G-BA (2014), S. 5–6.

[61] Zur Struktur-, Prozess- und Ergebnisqualität vgl. Abschn. 1.2.1.2.

[62] Vgl. G-BA (2016), S. 4.

zesse der Patientenversorgung".[63] Diese Beschreibungen sollen dem aktuellen fachlichen Standard entsprechen, regelmäßig überprüft und den am Prozess beteiligten Mitarbeitern zur Verfügung gestellt werden.[64] Die in der QM-RL geforderte Prozessorientierung wird mit diesen Forderungen explizit zum Ausdruck gebracht.

1.2.3.2 Klinische Behandlungspfade als gemeinsames Instrument

Die aktuelle wissenschaftliche Literatur stellt den Zusammenhang zwischen Qualitätsmanagement und Risikomanagement ähnlich der QM-RL des G-BA dar. Das klinische Risikomanagement wird als Teil des Qualitätsmanagements angesehen.[65] „Wenn wir eine inhaltliche Abgrenzung wagen, können wir Qualitätsmanagement zunächst als die integrierende Klammer verstehen, die verschiedene Managementansätze vereint. Risikomanagement ist darin ein besonderer Anwendungsbereich, der sich mit spezifischen Methoden der Fehlervermeidung, Schadensverhütung und Sicherheitssteigerung widmet".[66]

In der allgemeinen Methodik sind sich Qualitätsmanagement und Risikomanagement sehr ähnlich. Beide Ansätze orientieren sich an den Grundsätzen des Managementkreislaufs. Dabei steht die kontinuierliche Verbesserung im Vordergrund.[67] Allerdings setzen das Qualitäts- und Risikomanagement in der Ausgestaltung unterschiedliche Akzente und Schwerpunkte, wie in der Tab. 1.4 dargestellt.

Beide Ansätze wirken in dieselbe Richtung und beeinflussen sich gegenseitig. Das Qualitätsmanagement optimiert die Behandlungsabläufe an sich und das Risikomanagement identifiziert und bewältigt Risiken während des Behandlungsprozesses.[68] Der Behandlungsprozess ist der gemeinsame Ansatzpunkt. Sowohl im Rahmen des Qualitäts- als auch im Rahmen des Risikomanagements spielen Prozesse im Allgemeinen und das Prozessmanagement im Speziellen eine wesentliche Rolle.[69]

Sowohl das Qualitäts- als auch das Risikomanagement stellen den Behandlungsprozess, wie oben beschrieben, in den Mittelpunkt. Damit bietet sich der klinische Behandlungspfad grundsätzlich als Instrument für beide Themenbereiche an. Im folgenden Abschnitt wird vor diesem Hintergrund die Theorie der klinischen Behandlungspfade erläutert und damit das Fundament für den darauf folgenden vierten Abschnitt gelegt.

---

[63] G-BA (2016), S. 5.

[64] Vgl. G-BA (2016), S. 5–6.

[65] Vgl. Hensen (2016), S. 311–312, Wolter (2014), S. 198, Gausmann (2006), S. 191–192 und Schrappe (2004), S. 335.

[66] Hensen (2016), S. 312.

[67] Vgl. Abschn. 1.2.1.3, 1.2.2.3.

[68] Vgl. Wolter (2014), S. 198.

[69] Vgl. Bühle (2014), S. 47–48.

Tab. 1.4 Vergleich zwischen Qualitäts- und Risikomanagement (in Anlehnung an Hensen 2016, S. 312)

	Qualitätsmanagement	Risikomanagement
Zielsetzung	Qualitätsverbesserung	Risikoreduktion
Methodischer Rahmen	Qualitätskreislauf	Risikomanagementkreislauf
Leitgedanken	Planen und Gestalten	Erkennen und Bewältigen
Organisationskultur	Qualitätskultur	Fehlerkultur
Qualitätsfokus	Unternehmensqualität	Versorgungsqualität
Handlungsschwerpunkt	Prozessorientierung	Risikoidentifikation
Dimensionen	Strukturen, Prozesse, Ergebnisse	Fehlervermeidung, Schadensfreiheit, Sicherheit

1.3 Klinische Behandlungspfade

1.3.1 Grundlagen

1.3.1.1 Definition

Klinische Behandlungspfade haben ihren Ursprung in der industriellen Fertigung komplexer Produkte in den 1950er-Jahren. Das Projektmanagement benötigte für die Überwachung der einzelnen Produktionsschritte ein Instrument, das Transparenz über die einzelnen Teilschritte schaffte und die Zusammenhänge der Einzelschritte darstellte. Die wesentlichen Ziele waren, die Kosten im Blick zu behalten und zugleich die Projektdauer zu überwachen. Aufgrund dieser Anforderungen wurde die Netzplantechnik eingesetzt, in der die Abfolge aller Teilaktivitäten dargestellt wurde.[70]

Als wesentliches Ergebnis der Netzplantechnik wird der Critical Pathway bestimmt. Dieser stellt den Pathway dar, bei dem die Dauer der einzelnen Aktivitäten in Summe am höchsten ist. Somit ist der Critical Pathway der wesentliche durch den Projektleiter zu überwachende Pfad. Verzögerungen, die in diesem Pfad auftreten, schlagen direkt auf das Gesamtprojekt durch. Es gibt keine zeitlichen Reserven. Somit werden durch den Critical Pathway sowohl die Dauer als auch die Kosten des Gesamtprojekts wesentlich mitbestimmt.[71]

Im deutschen Gesundheitswesen kommen Critical Pathways selten zum Einsatz. Hier haben sich die klinischen Behandlungspfade durchgesetzt. Wie aus der Tab. 1.5 ersichtlich, handelt es sich bei den klinischen Behandlungspfaden um eine Weiterentwicklung der Critical Pathways. Der wesentliche Unterschied ist, dass bei den klinischen Behandlungspfaden alle Aktivitäten des gesamten Prozesses dargestellt werden und nicht nur der kritische Pfad. Zudem ist der klinische Behandlungspfad multiprofessionell ausgelegt und der Ablaufplan wird durch das verantwortliche Team selbst erstellt.

---

[70]Vgl. Küttner und Roeder (2007), S. 19.
[71]Vgl. Küttner und Roeder (2007), S. 20.

Tab. 1.5 Entwicklungslinie der klinischen Behandlungspfade (in Anlehnung an Küttner und Roeder 2007, S. 23)

Definition	"The sequence of events in a process that takes the greatest length of time."	"...Pathways are defined as multi-disciplinary plans that describes the course of events in the treatment of patients with similar problems. These events must be specified on a timeline, and all incidents, together with an identification of the ressources required to achieve the expected outcomes."		
Begriff	Critical Pathway	Care Pathways	Clinical Pathways	Klinische Behandlungspfade
Einsatz-bereich	Industrie (Projektmanagement)	pflegerisch	multidisziplinär	
		Gesundheitswesen (Behandlungsprozess)		
Land	USA			Deutschland
	1950-1970	1980	1990	ab 2000

Häufig werden klinische Behandlungspfade mit klinischen Leitlinien verwechselt. Klinische Leitlinien haben einen anderen Charakter und auch einen anderen Hintergrund. Die klinischen Leitlinien werden von unabhängigen und übergeordneten Expertengruppen erstellt, dienen als überregionale Empfehlung und sind zumeist nur für definierte Teilbereiche formuliert.[72] Für ein besseres Verständnis von klinischen Behandlungspfaden lohnt eine Gegenüberstellung der wesentlichen Eigenschaften von Behandlungspfaden und Leitlinien, wie sie in der Tab. 1.6 zu finden ist.

Letztendlich handelt es sich bei einem klinischen Behandlungspfad um den „im Behandlungsteam selbst gefundenen berufsgruppen- und institutsübergreifenden Konsens bezüglich der besten Durchführung der Krankenhaus- und Gesamtbehandlung unter Wahrung festgelegter Behandlungsqualität und unter Berücksichtigung der notwendigen verfügbaren Ressourcen sowie unter Festlegung der Aufgaben und der Durchführungs- und Ergebnisverantwortlichkeiten. Er steuert den Behandlungsprozess, ist gleichzeitig das behandlungsbegleitende Dokumentationsinstrument und erlaubt die Kommentierung von der Norm zum Zwecke festgesetzter Evaluation und Verbesserung".[73]

Wie in der Abb. 1.12 dargestellt, kann der klinische Behandlungspfad als Behandlungsfahrplan verstanden werden, der von den an der Behandlung beteiligten Berufsgruppen an den einzelnen Behandlungsstationen, die der Patient von der Aufnahme bis zur Entlassung

---

[72]Vgl. Küttner und Roeder (2007), S. 24–25.
[73]Küttner und Roeder (2007), S. 23.

Tab. 1.6 Gegenüberstellung von Behandlungspfaden und Leitlinien (in Anlehnung an Küttner und Roeder 2007, S. 26)

Behandlungspfade	Leitlinien
Unterschiede	
Lokal konsequent	Überregional
Krankenhausindividuell	Krankenhausunabhängig
Schmaler Handlungskorridor	Eher weit
Multidisziplinär	Berufsgruppenspezifisch
Definiert Gesamtbehandlung	Definiert Teilbereiche
Klare Zieldefinition (Ergebnis)	Häufig keine klare Zieldefinition
Gemeinsamkeiten	
Indikationsbezogen	
Handlungskorridore, die medizinische Entscheidungen stützen	

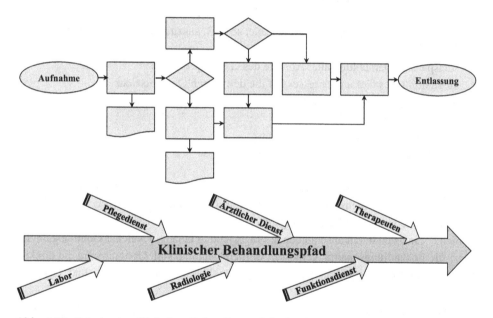

Abb. 1.12 Prinzip des klinischen Behandlungspfads (in Anlehnung an Küttner und Roeder 2007, S. 24)

durchläuft, genutzt wird.[74] Dabei werden konkrete Ziele verfolgt, die im folgenden Unterabschnitt näher erläutert werden.

1.3.1.2 Zielsetzungen und Anspruch

Klinische Behandlungspfade beziehen sich im Wesentlichen auf alle Abläufe im medizinischen und pflegerischen Bereich. Dabei steht die stetige Optimierung dieser Abläufe im Vordergrund. Greiling et al. nennen z. B. folgende allgemeine Ziele:[75]

- Steigerung der Behandlungsqualität.
- Standardisierung auf hohem Niveau.
- Optimierung des Behandlungsablaufs.
- Steuerung der Kosten und Kostenoptimierung.
- Absenkung der Durchlaufzeiten.

Andere Autoren definieren konkrete Ziele, so z. B. auszugsweise Schick et al.:[76]

- Transparente Darstellung aller Abläufe des Gesamtprozesses
- Ausrichtung des Gesamtprozesses auf die definierten Qualitätsziele
- Optimierung der Ablauforganisation
- Optimierung der Verweildauer
- Schaffung von Prozesskostentransparenz
- Messung qualitativer und ökonomischer Ergebnisse

Wie sich anhand der genannten Zielsetzungen erkennen lässt, spielt die Qualität des Behandlungsprozesses eine entscheidende Rolle. Um diesem Anspruch gerecht zu werden, sollten die klinischen Behandlungspfade auf Basis evidenzbasierter Leitlinien erstellt werden.[77] Eine sich daran anschließende Fragestellung lautet, in welcher Qualitätsdimension[78] die Behandlungsqualität gemessen werden kann und soll. Optimal wäre die direkte Messung der Ergebnisqualität und nicht nur die Messung der Struktur- und Prozessqualität.[79]

Der Anspruch an klinische Behandlungspfade ist hoch. Die genannten Zielsetzungen bergen dabei in sich Spannungsfelder. Einige Ziele können bei der Implementierung und Nutzung von klinischen Behandlungspfaden zu Konflikten führen und von komplementä-

---

[74] Vgl. Küttner und Roeder (2007), S. 23.

[75] Vgl. Greiling und Osygus (2014), S. 65.

[76] Vgl. Schick und Jendges (2007), S. 35–36.

[77] Vgl. Fischer (2002), S. 208.

[78] Zu den Qualitätsdimensionen vgl. Abschn. 1.2.2.2.

[79] Vgl. Fischer (2002), S. 213.

rer Natur sein. Im Rahmen der Einführung ist individuell zu entscheiden, welche Ausrichtung der Ziele verfolgt wird.[80] Als wesentliche Spannungsfelder werden

- Standardisierung versus Individualisierung,
- Risikoorientierung versus Kostenorientierung und
- Struktur- versus Prozess- versus Ergebnisorientierung

genannt.[81] Im Rahmen der genannten Spannungsfelder ist z. B. zu entscheiden, wie hoch der Standardisierungsgrad des klinischen Behandlungspfads sein soll oder darf. Andersherum gefragt, wie viele individuelle Entscheidungspunkte sind im Ablauf des Behandlungsprozesses von vornherein vorgesehen. Eine andere häufig konträr diskutierte Fragestellung lautet, wie hoch der Kosteneinsparungseffekt durch die Nutzung von klinischen Behandlungspfaden sein soll oder muss. Hier hat sich zunehmend die Meinung durchgesetzt, dass eine Risikoorientierung ebenfalls zu einer Kostenersparnis führt, auch wenn diese meist erst mittel- bis langfristig realisiert werden kann.[82]

1.3.1.3 Auswirkungen und Nutzen

Die Auswirkungen der klinischen Behandlungspfade manifestieren sich auf unterschiedlichen Ebenen und hängen direkt von der Ausrichtung und Zielsetzung ab. Die wesentlichen Themenbereiche, in denen Auswirkungen zu verzeichnen sind, sind in der Abb. 1.13 dargestellt.

Andere Quellen zeigen ähnliche Auswirkungen bzw. Mehrwerte, wie in der folgenden Auflistung angegeben.[83]

- Berufsgruppenübergreifende Teamarbeit und Kommunikation wird gefördert
- Wissenstransfer wird erhöht
- Risikomanagement wird gelebt, Erhöhung der Patientensicherheit
- Vereinfachung der Dokumentation, Verbesserung der Dokumentationsqualität
- Transparenz wird u. a. durch Reporting erhöht
- Standardisierung der Behandlung auf hohem Qualitätsniveau
- Prozessbeschleunigung durch Reduktion von Tätigkeiten auf das Wesentliche

Andere Quellen ergänzen die o. g. Auswirkungen um den Punkt der Patientenzufriedenheit. Auf Basis der transparenten Darstellung des klinischen Behandlungspfads kann ein Patientenpfad abgeleitet und dem Patienten kommuniziert werden. Damit ist der Patient über die einzelnen Behandlungsschritte informiert, was zu einer Erhöhung der Akzeptanz durch den Patienten und letztendlich der Patientenzufriedenheit führt. Als weiterer

---

[80] Vgl. Schick und Jendges (2007), S. 36–40.
[81] Vgl. Schick und Jendges (2007), S. 36.
[82] Vgl. Schick und Jendges (2007), S. 36–40.
[83] Vgl. Greiling und Osygus (2014), S. 66 und Löber et al. (2014), S. 68.

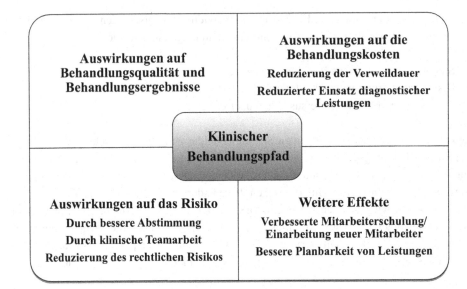

Abb. 1.13 Auswirkungen klinischer Behandlungspfade (eigene Darstellung, modifiziert nach Hindle 2007, S. 73–76)

Effekt ist nicht zuletzt die Förderung der aktiven Mitarbeit des Patienten zu nennen.[84] Weitere Quellen fassen die Ziele in den fünf Zielkategorien Kundenzufriedenheit, Qualität, Kosten, Zeit und Termintreue zusammen.[85] Diese Zielkategorien sind für die Vorstrukturierung der Zielsetzungen zu empfehlen.

Anhand der dargestellten Zieldimensionen und der genannten Auswirkungen und Mehrwerte von klinischen Behandlungspfaden wird deutlich, dass durch die Pfade positiver Einfluss sowohl auf die Qualität in verschiedenen Qualitätsdimensionen als auch auf das klinische Risiko genommen werden kann. Weitere wesentliche Effekte sind die Reduzierung der Verweildauer und oft damit einhergehend die Abschaffung nicht notwendiger diagnostischer Tätigkeiten und dadurch eine Absenkung der Behandlungskosten.[86]

1.3.2 Ausgestaltung klinischer Behandlungspfade

1.3.2.1 Voraussetzungen

Klinische Behandlungspfade sind häufig Vorbehalten und Vorurteilen ausgesetzt, die eine erfolgreiche Einführung und Umsetzung erschweren und verhindern können. Es ist wichtig, sich mit diesen Themen im Vorfeld kritisch und konstruktiv zu beschäftigen, um die notwendigen Voraussetzungen für eine erfolgreiche Nutzung der klinischen Behandlungs-

---

[84] Vgl. Kahla-Witzsch und Geisinger (2004), S. 41.

[85] Vgl. Sens (2010), S. 56.

[86] Vgl. Kahla-Witzsch und Geisinger (2004), S. 41–45 und Hindle (2007), S. 73–74.

pfade zu schaffen. Die wesentlichen Bedenken gegenüber klinischen Behandlungspfaden sind u. a. bei Kahla-Witzsch et al. genannt:[87]

- Es handelt sich um sogenannte „Kochbuchmedizin"
- Die definierten Pfade verhindern Innovationen und medizinische Forschung
- Sie sind aufwändig und damit teuer
- Sie führen zu einem erhöhten Dokumentationsaufwand
- Elementares Ziel ist nur die Kostensenkung der Behandlung

Klinische Behandlungspfade werden häufig als Kontrollinstrument wahrgenommen, das in erster Linie von der Verwaltung genutzt wird, um Einsparungspotenziale zu finden und die Mitarbeiter zu kontrollieren. Dabei führen sachlich fundierte klinische Behandlungspfade zum Gegenteil. Denn die Elemente des klinischen Behandlungspfades lassen sich nicht ohne Weiteres entfernen, da sie wichtige Bestandteile des Behandlungsprozesses sind. Willkürliche Rationalisierungen werden somit erschwert.[88]

Die gefühlte Einschränkung der Therapiefreiheit, der durch die klinischen Behandlungspfade vermeintlich zunehmende „Bürokratismus" und eine mutmaßliche Verlagerung der Zuständigkeiten zwischen Pflegepersonal und Ärzteschaft führen bei den Ärzten oft zu einer ablehnenden Haltung. Um diese Haltung positiv zu beeinflussen, muss eine offene Unternehmenskultur gefördert werden, um den richtigen Nährboden für die Einführung der klinischen Behandlungspfade zu schaffen.[89] Zusätzlich sollte die Unternehmenskultur des Krankenhauses die Elemente Veränderungsbereitschaft, Fehlerkultur, Patientenorientierung und Transparenz beinhalten.[90]

Die Mitarbeiterorientierung als Teil der Unternehmenskultur spielt sowohl bei der Einführung als auch bei der Nutzung von klinischen Behandlungspfaden eine herausragende Rolle. Damit ist nicht nur die Kultur eines Miteinanders gemeint, um die klinischen Behandlungspfade nicht an Hierarchie- oder Strukturgrenzen scheitern zu lassen, sondern es geht ebenfalls um das konkrete Mitwirken der Mitarbeiter bei der Erstellung der klinischen Behandlungspfade, um damit die Akzeptanz bei den Mitarbeitern zu erhöhen.[91]

Weitere Voraussetzungen betreffen insbesondere die zur Erstellung der klinischen Behandlungspfade notwendigen Ressourcen, die durch das Management zur Verfügung gestellt werden müssen. Zudem sollten entsprechende Strukturen, sowohl im organisatorischen als auch im IT-technischen Sinn geschaffen werden, um die nachhaltige Anwendung der klinischen Behandlungspfade bestmöglich zu unterstützen.[92] Die Überlegungen zur organisatorischen Ausgestaltung werden in Abschn. 1.4 vertieft.

---

[87] Vgl. Kahla-Witzsch und Geisinger (2004), S. 47.
[88] Vgl. Küttner und Roeder (2007), S. 26.
[89] Vgl. Kahla-Witzsch und Geisinger (2004), S. 47–48.
[90] Vgl. Kahla-Witzsch und Geisinger (2004), S. 48.
[91] Vgl. Greiling und Osygus (2014), S. 53.
[92] Vgl. Kahla-Witzsch und Geisinger (2004), S. 53–54.

1.3.2.2 Sichtweisen und Bestandteile

Der klinische Behandlungspfad verknüpft unterschiedliche Sichtweisen, Bestandteile und Eigenschaften miteinander. Je nach Zielsetzungen und krankenhausindividueller Struktur gibt es verschiedene Umsetzungs- und Ausgestaltungsmöglichkeiten. Die Darstellungsformen der klinischen Behandlungspfade variieren dabei je nach Sichtweise und Bedürfnisse der Benutzer und nach ausgewähltem Patientenspektrum.[93]

Die im Rahmen dieses Buches im Vordergrund stehenden Sichtweisen sind die der Ärzte und der Pflege. Bereits diese zwei Sichten unterscheiden sich in der Art der Aufbereitung der klinischen Behandlungspfade. Zudem gibt es noch weitere Sichten. Eine Auflistung möglicher unterschiedlicher Sichtweisen ist in der Tab. 1.7 aufgeführt.

Ein wesentlicher Bestandteil eines klinischen Behandlungspfads ist die Auswahl der Krankheitsbilder. Behandlungspfade werden nur für bestimmte Krankheitsbilder und Patientengruppen erstellt. Die Auswahl der entsprechenden Krankheitsbilder kann sich an unterschiedlichen Kriterien orientieren.[94] Dabei werden in der Literatur insbesondere folgende genannt:[95]

- Es liegt eine hohe Fallzahl vor, häufige Krankheitsbilder.
- Es liegt eine hohe ökonomische Relevanz vor, teuerste Krankheitsbilder.
- Die Komplexität der Diagnostik und/oder Behandlung ist niedrig.
- Tendenziell eher operative Pfade als konservative.
- Tendenziell eher Pfade für Elektivpatienten als für Notfallpatienten.

Wenig Pfadabweichungen sind zu erwarten, Behandlung möglichst standardisiert.

Ein weiterer wesentlicher Bestandteil eines klinischen Behandlungspfades sind die Ein- bzw. Ausschlusskriterien. Diese definieren, wann ein Patient auf den klinischen Behandlungspfad gesetzt wird und wann nicht. Zudem wird mit diesen Kriterien definiert, wann ein Patient einen klinischen Behandlungspfad, auf den er bereits gesetzt wurde, geregelt wieder verlässt. Mögliche Kriterien sind:[96]

- Diagnosen- und/oder Prozedurenspektrum
- Stadium eines Krankheitsbildes
- Vorhandene Begleiterkrankungen/Risikofaktoren/Voroperationen
- Alter
- Allergien/Unverträglichkeiten
- Komplikationen/Neuerkrankungen, die während der Pfadbehandlung entstehen

---

[93] Vgl. Kahla-Witzsch und Geisinger (2004), S. 57–58.

[94] Vgl. Kahla-Witzsch und Geisinger (2004), S. 66.

[95] Vgl. Rapp (2013), S. 94, Kahla-Witzsch und Geisinger (2004), S. 66, Küttner und Roeder (2007), S. 23 und 27 und Küttner (2014), S. 189.

[96] Vgl. Kahla-Witzsch und Geisinger (2004), S. 66–67.

Tab. 1.7 Unterschiedliche Sichtweisen auf den klinischen Behandlungspfad (in Anlehnung an Kahla-Witzsch und Geisinger 2004, S. 58)

Sichtweise	Darstellungsformen/Materialien
Aus Arztsicht	Klinische Leitlinien oder Algorithmen zur diagnostischen/therapeutischen Entscheidungsunterstützung
Aus Pflegesicht	Tägliche Checklisten
Aus Funktionssicht	Checklisten
Aus Verwaltungssicht	Organisatorische Ablaufbeschreibung
Aus Patienten- und Angehörigensicht	Allgemeine Informationen zum Behandlungsablauf, Checklisten zur Vor- und Nachbereitung

Klinische Behandlungspfade sind nicht dazu geeignet, alle Eventualitäten in einem medizinischen Behandlungsprozess abzudecken. Zudem sollten Abweichungen zugelassen und nicht sanktioniert, sondern nur dokumentiert und begründet werden. Dafür sollten Abweichungskriterien bereits bei der Pfaderstellung möglichst festgelegt und die zweckmäßigen Maßnahmen definiert werden.[97] Die saubere Dokumentation der Abweichungen kann Hinweise auf organisatorische Defizite geben, die wiederum im Rahmen eines kontinuierlichen Verbesserungsprozesses die Chancen erhöht, die klinischen Behandlungspfade weiter zu optimieren.[98]

Weitere Bestandteile sind die Dokumentationserstellung und -zusammenführung, mit der die konkrete Dokumentation durch die unterschiedlichen Anwendergruppen durchgeführt wird. Auch gehört die Festlegung von Ergebniskriterien zur Messung des Erfolgs zu den Bestandteilen eines klinischen Behandlungspfads, damit eine Evaluation und kontinuierliche Verbesserung überhaupt möglich sind. Die in diesem Unterabschnitt genannten Bestandteile sind im Rahmen der Einführung und Umsetzung zu definieren.

1.3.2.3 Vorgehensweise bei Umsetzung

Die Einführung und Umsetzung von klinischen Behandlungspfaden kann als ein Projekt angesehen werden, das mit klassischen Mitteln des Projektmanagements bearbeitet werden sollte. Zur Strukturierung wird eine phasenorientierte Vorgehensweise empfohlen, wie sie in der Abb. 1.14 schematisch veranschaulicht wird. Das Projekt wird im Rahmen der Implementierungsphase abgeschlossen und die Aufgaben werden an das intern zu institutionalisierende kontinuierliche Pfadmanagement übergeben.

In der Projektvorbereitungsphase werden die Ziele definiert. Dabei ist auf eine klare Zieldefinition der unter Abschn. 1.3.1.2 genannten Ziele und Spannungsfelder zu achten. Insbesondere die Parameter Verweildauer und Patientensteuerung werden in diesem Zusammenhang hervorgehoben.[99] Ebenso wichtig ist die Auswahl der Patientengruppe

---

[97]Vgl. Kahla-Witzsch und Geisinger (2004), S. 70.
[98]Vgl. Küttner (2014), S. 188.
[99]Vgl. Rapp (2013), S. 93.

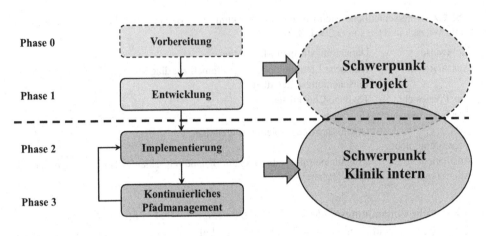

Abb. 1.14 Phasen der Pfadeinführung und -arbeit (in Anlehnung an Küttner et al. 2007, S. 81)

bzw. der medizinischen Behandlungsprozesse und die Definition der weiteren Bestandteile, wie in Abschn. 1.3.2.2 beschrieben. Zudem werden in dieser Phase die Laufzeit des Projekts, die Projektleitung, die Teilnehmer des Projektteams und weitere projektorganisatorische Themen festgelegt.[100] Die tatsächliche Entwicklung der klinischen Behandlungspfade findet dabei in der Phase 1 statt. Die Phase 1 wird dabei in drei Stufen unterteilt, wie in der Abb. 1.15 dargestellt.

In der ersten Stufe wird die Ist-Analyse anhand von Einzelinterviews und Patientenaktenanalysen durchgeführt. Im Projektteam wird danach sowohl die Soll-Konzeption als auch die konkrete Pfaderstellung erarbeitet. Im Rahmen der Soll-Konzeption wird der Ist-Zustand anhand unterschiedlicher Kriterien optimiert. Es kommen dabei Optimierungspotenziale in Bezug auf die Ablauforganisation und Patientenorientierung, die Ausrichtung auf vorhandene Leitlinien und den Umgang mit Laboranforderungen, Standardmedikationen und Verbrauchsmaterialien in Frage. In der Stufe 3 werden auf Basis des Soll-Zustands die erforderlichen Dokumente und Informationsmaterialien[101] für die konkrete Anwendung erstellt.[102]

In der Phase 2 der Pfadeinführung folgt die Implementierung. Diese Phase ist der wichtigste und häufig der schwierigste Schritt. Für diesen Schritt ist es wesentlich, dass die in Abschn. 1.4.2.1 genannten Voraussetzungen möglichst gegeben sind. Hervorzuheben ist die organisatorische Ausgestaltung, die im vierten Abschnitt ausführlich diskutiert wird. Diese ist ebenfalls entscheidend für die Phase 3, die das Ziel der Umsetzung eines stetigen Verbesserungsprozesses für die erstellten klinischen Behandlungspfade verfolgt.[103]

---

[100] Vgl. Küttner et al. (2007), S. 82–84.

[101] Zu den erforderlichen Dokumenten vgl. Abschn. 1.3.2.2.

[102] Vgl. Küttner et al. (2007), S. 84–97.

[103] Vgl. Küttner et al. (2007), S. 97–98.

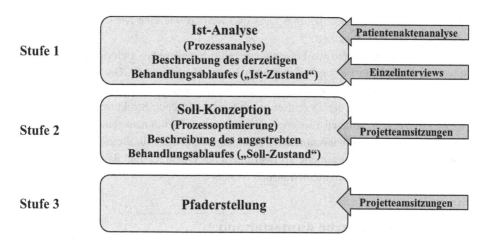

Abb. 1.15 Stufen der Pfadentwicklung (in Anlehnung an Küttner et al. 2007, S. 85)

1.3.3 Instrument des Qualitäts- und Risikomanagements

Klinische Behandlungspfade eignen sich als Instrument zur Umsetzung eines wirkungsvollen Qualitäts- und Risikomanagements. Die Zielsetzungen klinischer Behandlungspfade sind mit denen des Qualitäts- und Risikomanagements nahezu deckungsgleich.[104] Die positiven Auswirkungen der klinischen Behandlungspfade zeigen sich in erster Linie in Qualitäts- und Risikoaspekten.[105]

Eine weitere Gemeinsamkeit ist bei den Voraussetzungen zur Umsetzung zu erkennen.[106] Insbesondere die Unternehmenskultur, das organisatorische Verständnis und daraus abgeleitet die organisatorische Ausgestaltung der Organisation müssen bestimmte Bedingungen erfüllen, damit das Instrument der klinischen Behandlungspfade erfolgreich greifen kann. Ähnliches gilt für das Qualitäts- und Risikomanagement.[107]

In der Literatur gibt es neben den klassischen Qualitätsvorgaben für klinische Behandlungspfade[108] Beispiele für entsprechende Umsetzungen. Aus dem Bereich des klinischen Risikomanagements kann die Implementierung von sogenannten Risikokontrollpunkten in klinische Behandlungspfade genannt werden. Dabei werden aus bereits eingetretenen Beinahe-Schadensfällen die Risiken im Behandlungsprozess identifiziert und für den klinischen Behandlungspfad Risikokontrollpunkte abgeleitet. Diese sind dann integraler Be-

---

[104] Vgl. Abschn. 1.2.1.3, 1.2.2.3 und 1.3.1.2.

[105] Vgl. Abschn. 1.3.1.3.

[106] Vgl. Abschn. 1.3.1.2.

[107] Vgl. Abschn. 1.2.3.2.

[108] Qualitätsziele sind Bestandteile der Ziele eines klinischen Behandlungspfads, vgl. Abschn. 1.3.1.2.

standteil des klinischen Behandlungspfads und werden wie eine Art Checkliste bei bestimmten Ereignissen abgefragt.[109]

Damit das Qualitäts- und Risikomanagement im Krankenhaus zielorientiert angewendet werden kann, bedarf es organisatorischer Rahmenbedingungen. Die organisatorische Prozessorientierung kann hierbei als kritische Erfolgsgröße angesehen werden.[110] Ohne eine Prozessorientierung der Organisation und unterstützende Strukturen, wie z. B. das Prozessmanagement, können moderne Qualitäts- und Risikomanagementansätze nicht umgesetzt werden. Die organisatorischen Rahmenbedingungen für die zielorientierte Nutzung klinischer Behandlungspfade als Instrument des Qualitäts- und Risikomanagements werden im folgenden Abschnitt ausführlich erläutert.

1.4 Organisatorische Ausgestaltung

1.4.1 Klinisches Prozessmanagement

1.4.1.1 Grundlagen

Das Prozessmanagement im Allgemeinen ist ein Instrument zur optimalen Planung, Steuerung und Kontrolle von Prozessen und Prozessketten in Unternehmen.[111] Dabei unterstützt das Prozessmanagement, wie in der Abb. 1.16 dargestellt, mit der Ausrichtung auf die Kundenwünsche die Erreichung der Zielsetzungen in den Dimensionen Qualität, Zeit und Kosten.[112]

Unter einem Prozess wird eine „strukturierte Folge von Verrichtungen"[113] verstanden. „Diese Verrichtungen stehen in ziel- und sinnorientierter Beziehung zueinander und sind zur Aufgabenerfüllung angelegt mit definierten Ein- und Ausgangsgrößen und monetärem oder nicht monetärem Mehrwert unter Beachtung zeitlicher Gegebenheiten".[114] Durch das Prozessmanagement werden die Prozesse gelenkt und gesteuert und durch Rückmeldungen in einem Regelkreis, wie in der Abb. 1.17 dargestellt, im Sinne einer Prozessoptimierung weiter ausgestaltet.

Um die verschiedenen Prozesse mit den dazugehörigen Tätigkeiten transparent darstellen zu können, haben sich Prozessstrukturen etabliert. „Unter Prozessstruktur ist die hierarchische Darstellung aller im Prozess vorkommenden Tätigkeiten zu verstehen".[115] Die vertikale Prozessstruktur stellt in typischerweise vier Ebenen den gesamten Prozess dar. Die einzelnen Ebenen gliedern den Gesamtprozess in die Geschäftsprozesse, die Haupt-

---

[109] Vgl. Gausmann (2006), S. 194–199 und Führing und Gausmann (2004), S. 104–108.

[110] Vgl. Abschn. 1.2.1.3 und 1.2.2.3.

[111] Vgl. Greiling und Osygus (2014), S. 30.

[112] Vgl. Gaitanides et al. (1994), S. 3.

[113] Zapp et al. (2010), S. 20.

[114] Zapp et al. (2010), S. 20.

[115] Greiling und Osygus (2014), S. 28.

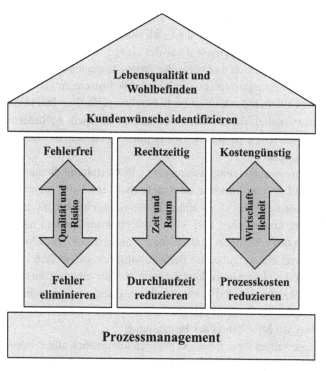

Abb. 1.16 Elemente des Prozessmanagements (in Anlehnung an Gaitanides et al. 1994, S. 16)

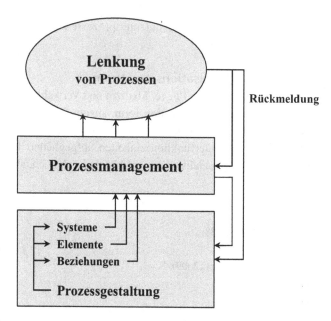

Abb. 1.17 Prozessgestaltung durch das Prozessmanagement (in Anlehnung an Zapp und Oswald 2010, S. 63)

prozesse, die Teilprozesse und als kleinste Einheit die konkrete Tätigkeit weiter auf, wie in der Abb. 1.18 gezeigt. Die Tätigkeit lässt sich sinnvoll nicht weiter unterteilen.[116]

Das klinische Prozessmanagement dient der Ausgestaltung bestmöglicher klinischer Prozesse.[117] Dabei bedient sich das klinische Prozessmanagement dem Methodenkasten des allgemeinen Prozessmanagements und nutzt als Instrument für die Abbildung von Prozessen im Wesentlichen die klinischen Behandlungspfade.[118] Die klinischen Behandlungspfade können dabei die Prozessorientierung deutlich befördern.[119] Wie unter Abschn. 1.4.1.2 beschrieben, ist die Prozessorientierung elementarer Bestandteil der klinischen Behandlungspfade.

Das klinische Prozessmanagement fokussiert „die Gestaltung, Steuerung und Entwicklung der klinischen Leistungsprozesse im Krankenhaus mit Hilfe geeigneter betriebswirtschaftlicher Methoden".[120] Das allgemeine Prozessmanagement wird durch das klinische Prozessmanagement konkretisiert und ist auf die strukturellen und aufgabenbezogenen Herausforderungen des jeweiligen Krankenhauses anzupassen. Das klinische Prozessmanagement hat konkret zur Aufgabe, die Behandlungsprozesse ab dem Zeitpunkt der Aufnahme des Patienten zielgerecht zu koordinieren und die einzusetzenden Ressourcen zu steuern.[121] Dabei bezieht sich das klinische Prozessmanagement nicht nur auf die rein medizinisch-pflegerischen Prozesse. Es stehen im Grunde alle Prozesse, die sich auf den Patienten beziehen, im Mittelpunkt der Betrachtung.[122]

Unter dem dargestellten Gesichtspunkt müssten letztendlich alle Prozesse im Krankenhaus durch das klinische Prozessmanagement organisiert werden, weil am Ende alle Prozesse auf den Patienten abzielen.[123] Es erscheint vor dem Hintergrund der Nutzung von klinischen Behandlungspfaden als sinnvoll, das klinische Prozessmanagement primär auf die Kernprozesse und sekundär auf die Unterstützungsprozesse zu beziehen, wie im folgenden Unterabschnitt ausgeführt wird.

1.4.1.2 Prozessorientierte Organisationsstrukturen

Durch die Dreiteilung in die Disziplinen Pflege, Medizin und Verwaltung ist in Krankenhäusern klassisch die funktionale Organisationsform anzutreffen.[124] Die gewachsene Komplexität in den medizinischen Bereichen hat verstärkend dazu geführt, dass sich die Organisationsstruktur in weitere Unterfunktionseinheiten aufgegliedert hat, wie in der Abb. 1.19 verdeutlicht wird. Der Spezialisierungsgrad ist dadurch hoch, allerdings ist die

---

[116]Vgl. Greiling und Osygus (2014), S. 28–29.

[117]Vgl. Greiling (2004a), S. 17.

[118]Vgl. Greiling (2004a), S. 19 und Haupt (2009), S. 43.

[119]Vgl. Haupt (2009), S. 42.

[120]Ziegenbein (2001), S. 134.

[121]Vgl. Schlüchtermann et al. (2005), S. 53.

[122]Vgl. Ziegenbein (2001), S. 134–135.

[123]Vgl. Korn (2013), S. 169.

[124]Vgl. Töpfer (2017), S. 193 und Küttner (2014), S. 186.

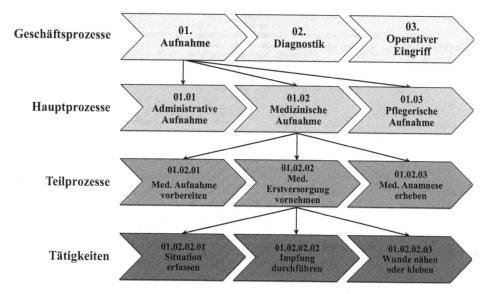

Abb. 1.18 Vertikale Prozessstruktur (in Anlehnung an Greiling und Osygus 2014, S. 29)

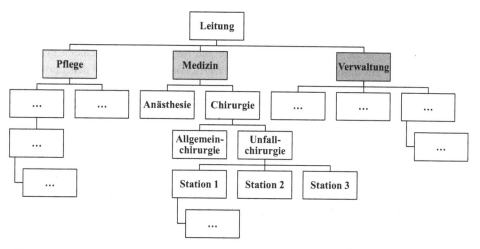

Abb. 1.19 Funktionale Organisationsstruktur im Krankenhaus (in Anlehnung an Küttner 2014, S. 186)

Organisationsstruktur relativ starr, hierarchisch geprägt und kaum durchlässig an den Funktionsgrenzen.[125]

Die Prozessorientierung setzt sich in den Krankenhäusern zunehmend aufgrund der Erkenntnis durch, dass die Wertschöpfung in einem Krankenhaus durch Leistungspro-

---

[125]Vgl. Küttner (2014), S. 186.

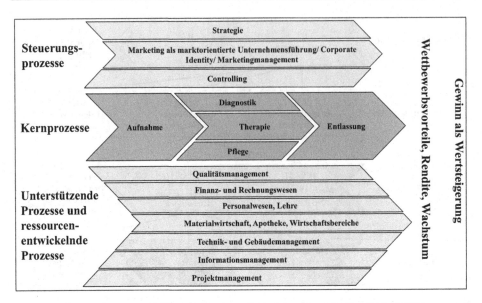

Abb. 1.20 Wertschöpfungskette im Krankenhaus (in Anlehnung an Töpfer 2017, S. 195)

zesse erzielt wird. An dieser Stelle setzt, wie aus der Definition direkt hervorgeht, das klinische Prozessmanagement an.[126] Die Leistungsprozesse werden in die Steuerungsprozesse, die Kernprozesse und die unterstützenden und ressourcenentwickelnden Prozesse unterteilt.[127] Der Zusammenhang zwischen der Wertschöpfungskette und den Leistungsprozessen im Krankenhaus ist in der Abb. 1.20 dargestellt. Die prozessorientierte Organisation zeichnet sich durch eine an dem Ablauf der Prozesse orientierte Organisationsgestaltung aus.[128] Dabei werden die Zusammenhänge zwischen den Teilprozessen entlang der Wertschöpfungskette in den Fokus gestellt.[129]

Die Wertschöpfungskette kennt keine funktionalen Barrieren. Der Kernprozess läuft unabhängig von funktionalen Organisationseinheiten ab. Dabei stehen der Patient und sein Weg durch das Krankenhaus im Mittelpunkt, wie in der Abb. 1.21 abgebildet. Die Kernprozesse und die unterstützenden Prozesse stehen aufgrund der Nähe zum Patienten beim klinischen Prozessmanagement im Vordergrund.

Diese Ausführungen lassen die Schlussfolgerung zu, dass die funktionale Organisationsform nicht dafür geeignet ist, die Prozessorientierung wirkungsvoll zu ermöglichen und zu unterstützen. Zur Umsetzung eines klinischen Prozessmanagements sind prozessorientierte Organisationsstrukturen notwendig, wie in der Abb. 1.22 beispielhaft dargestellt wird.

---

[126]Vgl. Abschn. 1.4.1.1.

[127]Vgl. Töpfer (2017), S. 194–195.

[128]Vgl. Rapp (2013), S. 20.

[129]Vgl. Zapp und Oswald (2010), S. 76.

Abb. 1.21 Der Patient im Mittelpunkt der Prozesse (eigene Darstellung, modifiziert nach Korn 2013, S. 173)

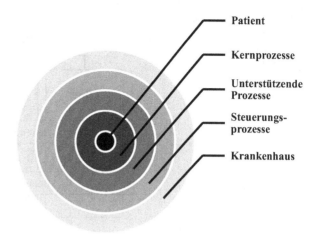

Patient

Kernprozesse

Unterstützende Prozesse

Steuerungs-prozesse

Krankenhaus

Die gemeinsame Zielsetzung, den Patienten bestmöglich zu versorgen, steht im Mittelpunkt. Die kontinuierliche Optimierung des Behandlungsprozesses ist in einer prozessorientierten Organisationsform leichter zu realisieren, da der gesamte Ablauf von Aufnahme bis Entlassung im Blick ist und nicht nur die segmentierten Funktionsbereiche gesehen werden.[130]

Das klinische Prozessmanagement muss in die Organisationsstruktur entsprechend verankert werden. Als klassischer Ausgangspunkt für die Ausgestaltung eignet sich der in der Abb. 1.23 gezeigte organisatorische Aufbau. Dieser Aufbau kann aus einer funktional orientierten Organisationsstruktur heraus aufgebaut werden. Je nach Ausprägung kann dieser Aufbau modifiziert werden. Ein wesentlicher Baustein ist das Steuergremium. Das Steuergremium stellt das institutionalisierte klinische Prozessmanagement[131] dar und bildet das Entscheidungsgremium für die grundsätzliche Definition der klinischen Behandlungsprozesse. Das Steuergremium speist sich aus unterschiedlichen Professionen und bedient sich zur Unterstützung bei dem Prozesscontrolling.[132]

Der Prozesseigner übernimmt die Prozessverantwortung und ist Mitglied im Steuergremium. Auf operativer Ebene wird in den Prozess- bzw. Pfadteams gearbeitet. Der Prozessmanager ist Teil des Prozessteams und stellt die Zielerreichung sicher, wie in der Tab. 1.8 dargestellt wird.

---

[130]Vgl. Küttner (2014), S. 187.

[131]Die Institutionalisierung eines klinischen Prozessmanagements für das kontinuierliche Pfadmanagement ist wesentliches Ziel bei der Einführung von klinischen Behandlungspfaden, vgl. Abschn. 1.3.2.3.

[132]Vgl. Ziegenbein (2001), S. 157–163.

Abb. 1.22 Prozessorientierte Krankenhausorganisation (in Anlehnung an Küttner 2014, S. 187)

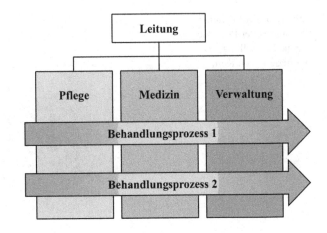

1.4.1.3 Prozessoptimierung als wesentlicher Auftrag

Das klinische Prozessmanagement hat das grundlegende Ziel, die klinischen Behandlungspfade zu optimieren.[133] Als Prozessoptimierung wird eine zielgerichtete, von einem Team durchgeführte Methode zur Verbesserung von Arbeitsabläufen anhand der Parameter Qualität, Kosten und Zeit verstanden.[134] Dabei ist die Prozessoptimierung niemals abgeschlossen, sondern befindet sich in einem Regelkreislauf mit dem Ziel der kontinuierlichen Verbesserung. Die Prozessoptimierung wird vor dem Hintergrund der Nutzung und Einführung von klinischen Behandlungspfaden als Gesamtziel des klinischen Prozessmanagements, wie in der Abb. 1.24 dargestellt, verstanden. Damit wird die herausragende Bedeutung der klinischen Behandlungspfade für die Prozessoptimierung betont.[135]

Die Prozessoptimierung steht dabei in direktem Zusammenhang mit der Organisationsstruktur. Wenn im Rahmen der Prozessanalyse Prozessoptimierungsansätze erkannt werden, führen diese häufig zu organisatorischen Maßnahmen. Dabei stehen insbesondere die Schnittstellen an den Übergängen der funktionsorientierten Abteilungen im Vordergrund.[136] Die Verbesserung der Schnittstellen entlang der Wertschöpfungskette ist elementarer Bestandteil der Prozessoptimierung und wirkt im Ergebnis auf die o. g. Parameter Zeit, Qualität und Kosten. Die Zusammenhänge sind in der Abb. 1.25 dargestellt.

Die Prozessoptimierung im Rahmen des klinischen Prozessmanagements wirkt in erster Linie, wie unter Abschn. 1.4.1.2 dargestellt, auf die Kern- und Unterstützungsprozesse. Die klinischen Behandlungspfade können dabei im Rahmen der Prozessoptimierung wichtige Impulse geben. Insbesondere die geschaffene Transparenz und die damit verbun-

---

[133] Vgl. Greiling (2004a), S. 17–19.

[134] Vgl. Greiling (2007), S. 41.

[135] Vgl. Greiling (2004a), S. 19–20.

[136] Vgl. Schmitz und Zaoui (2010), S. 31.

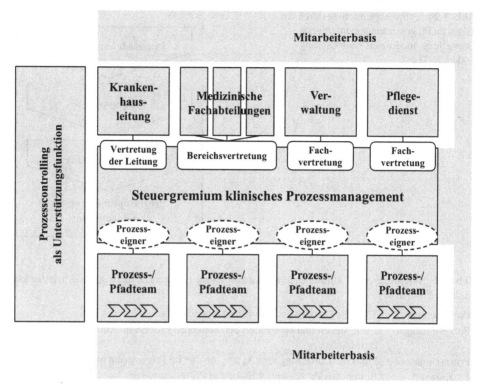

Abb. 1.23 Organisatorischer Aufbau des klinischen Prozessmanagements (eigene Darstellung, modifiziert nach Ziegenbein 2001, S. 159)

dene dokumentierte Prozessstruktur des klinischen Behandlungspfads können als Ausgangspunkt für die Prozessoptimierung dienen.[137]

Die Prozessoptimierung verfolgt letztendlich den Zweck, den Erfolg des Krankenhauses zu sichern und möglichst zu steigern. Die Prozessverbesserungen sollen aus der Sicht des Kunden wahrgenommen und als positiv beurteilt werden. Hierbei spielt die Qualität[138] als Erfolgsfaktor eine herausragende Rolle, die durch interne Werttreiber wesentlich beeinflusst wird, wie in der Abb. 1.26 beispielhaft aufgezeigt wird.[139]

Zu regeln ist, wer das klinische Prozessmanagement strategisch und operativ organisatorisch ausfüllt. Hierzu muss eine Instanz etabliert werden, die insbesondere den Prozesseigner und den Prozessmanager[140] für die definierten klinischen Behandlungsprozesse

---

[137] Vgl. Abschn. 1.3.1.1, 1.3.1.2 und 1.4.1.1.

[138] Und damit auch das klinische Risikomanagement, vgl. Abschn. 1.2.3.2.

[139] Vgl. Töpfer (2017), S. 211–214.

[140] Zu Prozesseigner und Prozessmanager vgl. Abschn. 1.4.1.2.

Abb. 1.24 Prozessoptimierung durch das
klinische Prozessmanagement (eigene
Darstellung, modifiziert nach Greiling
2004a, S. 21)

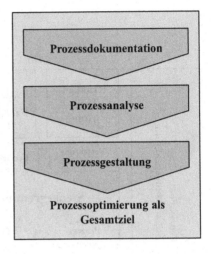

Tab. 1.8 Aktionsträger im klinischen Prozessmanagement (eigene Darstellung, modifiziert nach Stölting 2014, S. 47)

Prozesseigner	Trägt die Gesamtverantwortung für den Prozess
Prozessmanager	Plant, steuert und kontrolliert den laufenden Prozess im Auftrag des Prozesseigners
Prozessmitarbeiter	Führt die Umsetzung vor Ort aus, arbeitet im Prozessteam mit
Prozessteam	Besteht aus Prozessmitarbeitern und Prozessmanager

bestimmt und organisatorisch verankert.[141] Nur dann kann die Aufgabe der Prozessoptimierung zielführend umgesetzt werden.

1.4.2 Casemanagement

1.4.2.1 Grundlagen

Für das Casemanagement gibt es derzeit keine allgemeingültige Definition.[142] Die aktuelle Literatur bestätigt die große Bandbreite der Inhalte, die dem Casemanagement zugeschrieben wird.[143] Begründet wird diese Bandbreite mit den unterschiedlichen Entstehungshintergründen. Das Casemanagement hat sich parallel in verschiedenen Einsatzfeldern entwickelt und daher unterschiedliche Ausprägungen erfahren.[144]

---

[141]Vgl. Stölting (2014), S. 46–47.

[142]Vgl. Ewers (2005), S. 56.

[143]Vgl. Stölting (2014), S. 54.

[144]Vgl. Stölting (2014), S. 54–58.

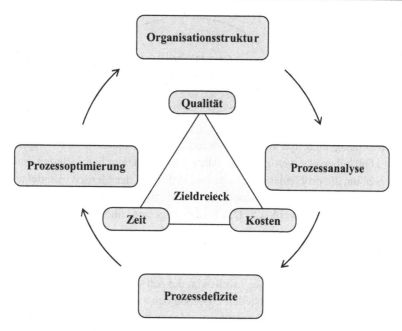

Abb. 1.25 Die Organisationsstruktur als Ausgangs- und Endpunkt (eigene Darstellung, modifiziert nach Schmitz und Zaoui 2010, S. 32)

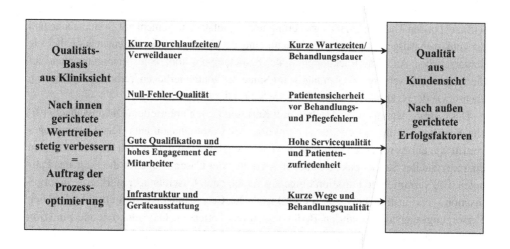

Abb. 1.26 Zusammenwirken von Werttreibern und Erfolgsfaktoren (eigene Darstellung, modifiziert nach Töpfer 2017, S. 213)

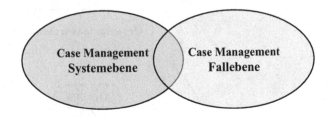

Abb. 1.27 Mehrebenen-
strategie des
Casemanagements (vgl.
Wendt 2015, S. 38)

Das Casemanagement hat zum Gegenstand den sogenannten „Case", was im Deutschen mit „Fall" übersetzt werden kann. Dabei geht es bei dem Fall nicht um einen Menschen, es geht um die problematische Situation, in der sich der Mensch befindet und die es
zu lösen bzw. zu managen gilt.[145] Dabei kann das Management auf System- oder auf Ein-
zelfallebene durchgeführt werden.[146] Das Casemanagement findet damit auf zwei Ebenen
statt, wie in der Abb. 1.27 gezeigt. Ein Casemanagement nur auf einer der beiden Ebenen
ist nicht zielführend möglich.[147]

Das Casemanagement im Krankenhaus agiert im praktischen Alltag sowohl auf der
System- als auch auf der Fallebene, jeweils von der Aufnahme bis zur Entlassung des Patienten.[148] Dabei bestehen Schnittstellen zwischen den zwei Ebenen. „Es ergibt sich eine
Wechselbeziehung zwischen der Steuerung der Versorgungsprozesse auf der Systemebene
und der Steuerung der personenbezogenen Fallführung innerhalb der Organisation".[149]
Der in diesem Zusammenhang gegebene funktionale Rahmen und die Interaktion zwischen den zwei Ebenen wird in der Abb. 1.28 veranschaulicht.

Insbesondere vor dem Hintergrund des Qualitäts- und Risikomanagements ist die Wechsel-
wirkung bei den Themen Qualitätssicherung und Qualitätsmanagement auf Systemebene und
der konkreten Ausgestaltung und Implementierung der Versorgung des Patienten auf Fallebene
hervorzuheben. Auch die Rückkopplung der Erstellung des konkreten Versorgungsplans auf
die systemweite Versorgungsplanung ist im Sinne der kontinuierlichen Verbesserung wichtig,
ebenso wie der regelmäßig durchzuführende Schritt der Evaluation.

Das Casemanagement lässt sich in drei Kernfunktionen unterteilen. Die anwaltschaftli-
che Funktion ist die ursprüngliche Funktion des Casemanagements. Der Casemanager
vertritt wie ein Anwalt die Interessen des Patienten, berät ihn und erstellt für den Patienten
ein individuelles Servicepaket. Dabei versetzt sich der Casemanager in die Lage des Patienten. Die vermittelnde Funktion hingegen versetzt den Casemanager stärker in die orga-
nisations- und institutsbezogene Perspektive. Der Casemanager vermittelt zwischen den
Versorgungsangeboten und den Bedürfnissen des Patienten. Die selektierende Funktion
des Casemanagements ist geprägt „durch gezielte Selektion und ein kontinuierliches Mo-

[145] Vgl. Stölting (2014), S. 58.
[146] Vgl. Wendt (2002), S. 14.
[147] Vgl. Wendt (2015), S. 38.
[148] Vgl. Franke (2007), S. 162.
[149] Stölting (2014), S. 63.

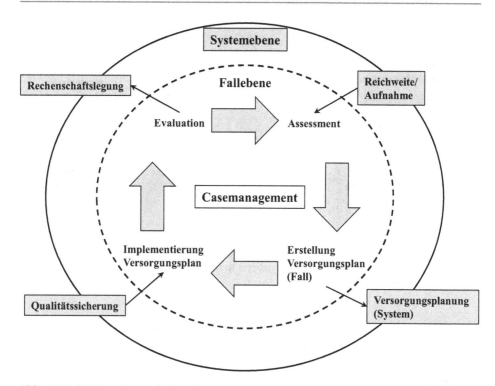

Abb. 1.28 Schnittstellen zwischen System- und Fallebene (eigene Darstellung, modifiziert nach Stölting 2014, S. 64, und Wendt 2015, S. 132)

nitoring einer unangemessenen und ungerichteten Verwendung der Ressourcen des Versorgungssystems entgegenzuwirken".[150] Die ökonomischen Belange bezogen auf das Gesamtsystem der Gesundheitsversorgung stehen im Vordergrund.[151]

1.4.2.2 Motor des klinischen Prozessmanagements

Das klinische Prozessmanagement mit den klinischen Behandlungspfaden als Instrument benötigt für die konkrete Ausgestaltung vor Ort im Krankenhaus eine Organisationseinheit bzw. Institution. Diese Organisationseinheit muss die Aufgaben, die im Rahmen des klinischen Prozessmanagements anfallen, als regelhafte Tätigkeit wahrnehmen. Dabei geht es insbesondere um das kontinuierliche Pfadmanagement[152] vor dem Hintergrund der Prozessoptimierung.[153, 154] Auf operativer Ebene bietet sich das fallbezogene Casemanagement für diese Aufgabe durch die enge Bindung an den Behandlungsprozess des Patienten

---

[150] Ewers (2005), S. 71.

[151] Ewers (2005), S. 63–72.

[152] Vgl. Abschn. 1.3.2.3.

[153] Vgl. Abschn. 1.4.1.3.

[154] Vgl. Küttner et al. (2007), S. 98–99.

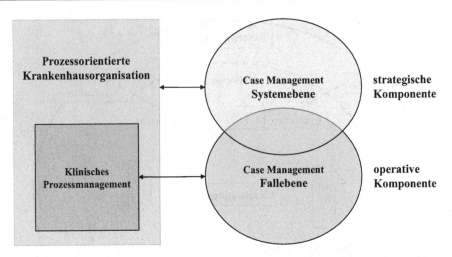

Abb. 1.29 Casemanagement und prozessorientierte Krankenhausorganisation (eigene Darstellung, modifiziert nach Stölting 2014, S. 77)

an.[155] Auf der strategischen Ebene kann das systembezogene Casemanagement übergeordnete Funktionen bei der Optimierung und Weiterentwicklung der prozessorientierten Krankenhausorganisation übernehmen.[156] Die Abb. 1.29 stellt die beschriebenen Zusammenhänge dar.

Das Casemanagement hat dabei konkrete Aufgaben zu übernehmen, die sich sowohl auf der System- als auch auf der Fallebene befinden. Die wesentlichen Aufgaben, die durch das Casemanagement in Bezug auf die klinischen Behandlungspfade im Rahmen des klinischen Prozessmanagements wahrgenommen werden können, sind:[157]

- Führen und Überwachen der Pfad-Dokumentation, Erfassen von Abweichungen
- Analyse der Ergebnisdaten sowohl einzelfall- als auch systembezogen
- Kommunikation in Richtung weiterer beteiligter Instanzen
- Rückmeldung von Ergebnisdaten an das Behandlungsteam
- Evaluation und Weiterentwicklung der klinischen Behandlungspfade
- Überprüfung der Gültigkeit der klinischen Behandlungspfade
- Regelmäßige Schulung der Mitarbeiter im Umgang mit den Behandlungspfaden

Mit diesem auf das klinische Prozessmanagement und die klinischen Behandlungspfade bezogenem Aufgabenprofil wird deutlich, dass das Casemanagement als Bindeglied zwischen den einzelnen prozessbezogenen Behandlungsteams und klassischen funktional

---

[155]Vgl. Küttner (2014), S. 191.

[156]Vgl. Rausch (2007), S. 47–49.

[157]Vgl. Rausch (2007), S. 49–50 und Göbel (2011), S. 180.

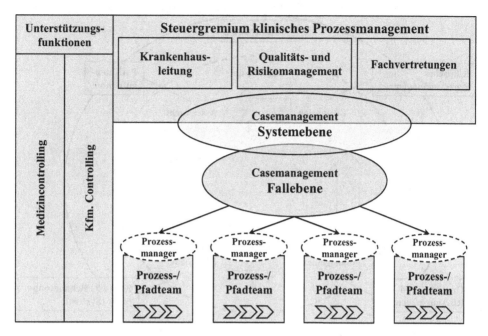

Abb. 1.30 Casemanagement als Bindeglied im klinischen Prozessmanagement (Eigene Darstellung)

orientierten Verwaltungsinstanzen auftreten kann. Ein möglicher Ansatz zur Weiterentwicklung des klassischen organisatorischen Aufbaus des klinischen Prozessmanagements[158] ist in der Abb. 1.30 zu sehen.

Das operative Casemanagement übernimmt die Prozessmanagement-Funktionen für die Pfadteams. Die Prozesseigner werden über das Steuergremium definiert. In dem Steuergremium sind die Krankenhausleitung als Auftraggeber, das Qualitäts- und Risikomanagement, das strategische Casemanagement und Fachvertretungen aus den klinischen Bereichen vertreten. Als Prozesseigner sind insbesondere Fachvertreter, die für den entsprechenden klinischen Behandlungspfad Fachkompetenz aufweisen, zu empfehlen. In erster Linie kommen hier leitende Oberärzte oder Chefärzte in Frage. Das Medizincontrolling und das kaufmännische Controlling unterstützen das Gremium sowohl auf strategischer als auch auf operativer Ebene.

Das Casemanagement koordiniert und steuert auf Fallebene die konkrete Anwendung der klinischen Behandlungspfade und nimmt die o. g. Aufgaben wahr. Dabei wählt das Casemanagement auf Fallebene nach dem Assessment den klinischen Behandlungspfad aus dem Sortiment der zur Verfügung stehenden Behandlungspfade für den Patienten aus, führt das Pfadmanagement im Rahmen des Qualitäts- und Risikomanagements durch, evaluiert den klinischen Behandlungspfad und gibt die Ergebnisse strukturiert in das Steuer-

---

[158]Vgl. Abschn. 1.4.1.2.

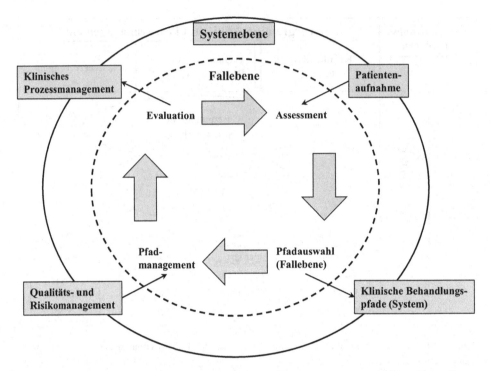

Abb. 1.31 Casemanagement als Motor des klinischen Prozessmanagements (eigene Darstellung, modifiziert nach Stölting 2014, S. 64, und Wendt 2015, S. 132)

gremium des klinischen Prozessmanagements auf Systemebene zurück. Auf Basis der Erkenntnisse wird der stetige Verbesserungsprozess bzw. die Prozessoptimierung durchgeführt. Der beschriebene Ablauf ist in der Abb. 1.31 aufgezeigt.

1.4.3 Kennzahlensysteme

1.4.3.1 Grundlagen

Die Prozessoptimierung und -steuerung klinischer Behandlungspfade ist die wesentliche Aufgabe des klinischen Prozessmanagements.[159] Eine institutionelle Einrichtung, wie das Casemangement, ist in der Lage, das klinische Prozessmanagement mit Leben auszufüllen.[160] Damit die klinischen Behandlungspfade im Rahmen des kontinuierlichen Pfadmanagements gesteuert und optimiert werden können, sind geeignete Analyseinstrumente notwendig, die den Verbesserungsbedarf erkennen lassen.[161]

---

[159]Vgl. Abschn. 1.4.1.3.

[160]Vgl. Abschn. 1.4.2.2.

[161]Vgl. Greiling et al. (2004), S. 26–27.

Kennzahlen und Indikatoren sind in der Lage, wichtige Tatbestände anschaulich und leicht verständlich aufzubereiten. Die Begriffe unterscheiden sich inhaltlich, werden in der Praxis aber häufig synonym verwendet.[162] Kennzahlen dienen dem Zweck, quantitativ messbare Sachverhalte in einer Zahl darzustellen.[163] Indikatoren sind hingegen Kennzahlen, die einen nicht direkt messbaren Sachverhalt darstellen, sondern nur einen vermuteten Rückschluss auf eine andere Größe zulassen.[164] Sowohl Indikatoren als auch Kennzahlen haben den grundlegenden Zweck, Transparenz zu erzeugen und relevante Informationen darzustellen, um damit die Grundlage zum Steuern und Entscheiden zu schaffen.[165]

Kennzahlensysteme ordnen Kennzahlen und Indikatoren und können auch Zusammenhänge zwischen den einzelnen Kennzahlen darstellen. Neben der sachlichen und logischen Ordnung ist ein weiteres Ziel, die Interpretation der Kennzahlen und Indikatoren zu vereinfachen. Dabei sind die Anforderungen an ein Kennzahlensystem insbesondere die Bildung einer hierarchischen Struktur als einfache und klare Darstellungsform der Zusammenhänge, die Berücksichtigung des Indikatorcharakters und die partizipative Herleitung der Kennzahlen durch die betroffenen Führungskräfte und Verantwortungsträger.[166] Letztendlich dienen Kennzahlensysteme als Informations- und Steuerungsinstrument, wie in der Abb. 1.32 gezeigt.

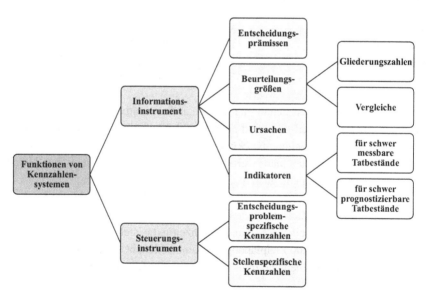

Abb. 1.32 Mögliche Verwendung von Kennzahlensystemen (in Anlehnung an Küpper et al. 2013, S. 475)

[162] Zapp et al. (2015), S. 183.
[163] Vgl. Küpper et al. (2013), S. 471.
[164] Vgl. Küpper et al. (2013), S. 477.
[165] Vgl. Küpper et al. (2013), S. 476–478.
[166] Vgl. Küpper et al. (2013), S. 480–482.

Tab. 1.9 Vergleich traditioneller und innovativer Kennzahlensysteme (in Anlehnung an Haubrock 2009, S. 448)

Traditionelle Kennzahlensysteme	Innovative Kennzahlensysteme
Klassische Finanzkennzahlensysteme, Kombination aus monetären und nichtmonetären Kennzahlen	Kennzahlensysteme zur strategischen Unternehmenssteuerung
Keine Verbindung mit den finanziellen Zielen und Strategien	Verbindung von Vision und Strategie auf den finanziellen Erfolg
Ausrichtung auf ein Ziel oder auf viele nicht miteinander verbundene Einzelziele (eindimensional)	Querverbindung und Synergieeffekte zwischen den Zielen (multidimensional)
Optimierung von einzelnen Zielen in der Unternehmensführung	Verbindung von finanziellen Zielen als Vision und Umsetzung der Strategie in einem Ursache-Wirkungs-Modell zur strategischen Unternehmensführung
Viele einzelne Kennzahlen und dadurch schlecht überschaubar	Konzentration auf wenige, voneinander abhängige Kennzahlen
Einfaches Lernen	Doppeltes Lernen
Einteilung der Kennzahlen: Operativ Spätindikator Kosten Ergebnisorientiert Datenherkunft: Hauptsächlich Rechnungswesen	Einteilung der Kennzahlen: Strategisch Früh- und Spätindikator Monetär, nichtmonetär Finanzielle Ziele und Leistungstreiber Datenherkunft: Aus den Abhängigkeiten des Ursache-Wirkungs-Modells

Kennzahlensysteme lassen sich in traditionelle und innovative Kennzahlensysteme einteilen. Die wesentlichen Merkmale sind in der Tab. 1.9 aufgeführt. Die innovativen Kennzahlensysteme sind eine Weiterentwicklung der traditionellen Kennzahlensysteme, die über die finanziellen Aspekte hinaus wertvolle Informationen zur strategischen Unternehmenssteuerung bereitstellen und auch qualitative Kennzahlen abbilden.[167]

Insbesondere innovative Kennzahlensysteme eignen sich für die Abbildung von monetären und nichtmonetären Zielen und Zielsystemen. Über das Kennzahlensystem können die gesetzten Zielvorgaben eingesehen und gleichzeitig die Zielerreichung abgelesen werden. Das setzt voraus, dass die Zielplanung auf Kennzahlenebene durchgeführt wurde und die Errechnung der Kennzahlen und Indikatoren nachvollziehbar und reproduzierbar ist.[168]

1.4.3.2 Balanced Scorecard
Die Balanced Scorecard ist ein innovatives Kennzahlensystem, das aufgrund von Untersuchungen zum sogenannten Performance Measurement entstanden ist. „Unter Performance

---

[167] Vgl. Haubrock (2009), S. 448–449.
[168] Vgl. Küpper et al. (2013), S. 496–500.

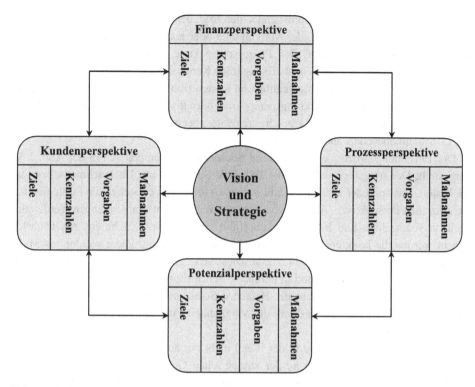

Abb. 1.33 Grundstruktur der Balanced Scorecard (vgl. Küpper et al. 2013, S. 501–502)

Measurement werden alle Formen der Leistungsmessung verstanden".[169] Robert S. Kaplan und David P. Norton haben auf Basis der Untersuchungen ein theoretisches Konzept erarbeitet, das nicht nur die finanziellen Aspekte eines Unternehmens berücksichtigt, sondern ebenfalls andere Perspektiven einbezieht.[170] Die Grundstruktur der Balanced Scorecard ist in der Abb. 1.33 dargestellt. Die Balanced Scorecard besteht in der ursprünglichen Form aus vier Perspektiven, die miteinander in Beziehung stehen. Für jede Perspektive werden Ziele definiert und Kennzahlen oder Indikatoren bestimmt, mit denen die Zielerreichung gemessen werden kann. Zudem werden Maßnahmen verabschiedet, mit denen die Ziele erreicht werden sollen.[171]

Die Finanzperspektive stellt die finanzwirtschaftlichen Ziele und Kennzahlen dar. Diese übernehmen in der Balanced Scorecard eine Doppelrolle. Zum einen bilden sie die Ziele aus der strategischen Sicht des Unternehmens ab, zum andern sind sie auch die Endpunkte der Ziele und Kennzahlen der anderen Perspektiven. Aus der Kundenperspektive werden die Kunden- und Marktsegmente dargestellt, in denen das Unternehmen tätig ist.

---

[169] Reisner (2003), S. 24.

[170] Vgl. Küpper et al. (2013), S. 500.

[171] Vgl. Küpper et al. (2013), S. 501–502.

Dabei werden insbesondere Ergebniskennzahlen bzgl. der Kundenzufriedenheit, der Kundentreue, der Kundenerhaltung, der Marktanteile oder auch der Rentabilität bestimmter Kundenbeziehungen abgebildet. Die Prozessperspektive bildet Kennzahlen zur Wertschöpfungskette interner Prozesse ab. Es kommen Kennzahlen zu den einzelnen Prozessschritten aus den Kategorien Zeit, Qualität und Kosten zum Tragen. Die Potenzialperspektive, die auch Lern- und Entwicklungsperspektive oder Innovationsperspektive[172] genannt wird, zielt in erster Linie auf Mitarbeiterpotenziale, aber auch auf die bauliche Infrastruktur, IT-Systemlandschaft und Geräteausstattung ab.[173]

Der Entstehungsprozess einer Balanced Scorecard ist exemplarisch in der Abb. 1.34 dargestellt. Der Ausgangspunkt für die Balanced Scorecard auf Unternehmensebene ist die Vision, Mission oder auch das Leitbild. Daraus abgeleitet entstehen die Strategien für die einzelnen Perspektiven. Anhand von Ursache-Wirkungszusammenhängen werden die Ziele in Kennzahlen und Indikatoren überführt und Planwerte definiert. Als nächster Schritt werden die konkreten strategischen Aktionen festgelegt. Diese werden als Maßnahmen innerhalb der Perspektiven erfasst. Diese strategischen Aktionen müssen danach auf die zweite Führungsebene und in definierte Schritte zur Umsetzung übergeleitet werden. Im regelhaften Betrieb stellt die Balanced Scorecard Informationen zur Zielerreichung zur Verfügung und bietet damit die Möglichkeit, Abweichungen schnell erkennen und reagieren zu können.[174]

Die Balanced Scorecard wird in der Regel nicht nur auf der Ebene des Gesamtunternehmens, sondern auch auf Ebene der strategischen Geschäftseinheiten erstellt, wenn diese über eine weitgehende Handlungsautonomie verfügen.[175] Auch möglich ist die Erstellung von Balanced Scorecards für strategisch besonders wichtige Kernleistungen oder auch Geschäftsprozesse.[176] Wie bereits in Abschn. 1.4.3.1 erläutert, sind Kennzahlensysteme für die Schaffung von Transparenz geeignet. Mit Hilfe der gewonnenen Transparenz kann aktiv gesteuert werden. Die Systematik der Balanced Scorecard, mit der Entwicklung entsprechender Ziele und Kennzahlen, lässt sich im Rahmen des klinischen Prozessmanagements für klinische Behandlungspfade als Steuerungsinstrument nutzen. Sie unterstützt zudem den Prozess der kontinuierlichen Verbesserung durch die regelhafte Überprüfung der Zielgrößen.[177]

1.4.3.3 Behandlungspfadbezogene Kennzahlen

Das klinische Prozessmanagement benötigt zur Steuerung der klinischen Behandlungspfade Kennzahlen und Indikatoren. Bei Nutzung einer Balanced Scorecard lassen sich diese in die Perspektiven der Balanced Scorecard einarbeiten. Die pfadbezogenen Leis-

---

[172]Vgl. Horváth & Partner (2000), S. 23–24.

[173]Vgl. Conrad (2001), S. 17–26.

[174]Vgl. Küpper et al. (2013), S. 500–502.

[175]Vgl. Conrad (2001), S. 26–27.

[176]Vgl. Greiling et al. (2004), S. 115.

[177]Vgl. Greiling (2004b), S. 275.

Abb. 1.34 Schritte zur Entwicklung einer Balanced Scorecard (eigene Darstellung, in Anlehnung an Haubrock 2009, S. 450, und Horváth & Partner 2000, S. 10)

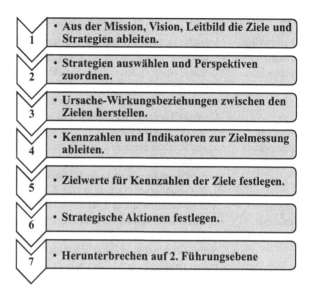

1 • Aus der Mission, Vision, Leitbild die Ziele und Strategien ableiten.

2 • Strategien auswählen und Perspektiven zuordnen.

3 • Ursache-Wirkungsbeziehungen zwischen den Zielen herstellen.

4 • Kennzahlen und Indikatoren zur Zielmessung ableiten.

5 • Zielwerte für Kennzahlen der Ziele festlegen.

6 • Strategische Aktionen festlegen.

7 • Herunterbrechen auf 2. Führungsebene

tungstreiber finden sich in der Regel in der Potenzial- und Prozessperspektive, die Ergebniskennzahlen sind in erster Linie in der Kunden- und Finanzperspektive abgebildet. Dabei ist zu beachten, dass bei der Nutzung der Balanced Scorecard für einen klinischen Behandlungspfad ebenfalls die in Abschn. 1.4.3.2 dargestellte Vorgehensweise gilt. Die Definition der strategischen Ziele, um daraus die konkreten Kennzahlen bilden zu können, steht hierbei stets am Anfang.

Die Balanced Scorecard für einen klinischen Behandlungspfad muss im Einklang mit den strategischen Unternehmenszielen stehen.[178] Die Ziele und die daraus abgeleiteten Kennzahlen der Balanced Scorecard für den klinischen Behandlungspfad wirken somit in Richtung der strategischen Unternehmensziele. Wie unter Abschn. 1.4.2.2 erläutert, sind klinische Behandlungspfade nur für ausgewählte Kernleistungen des Krankenhauses sinnvoll. Diese Auswahl erfüllt damit die Forderung, dass nur für Kernkompetenzen, die strategisch ein entsprechendes Gewicht haben, eine Balanced Scorecard erstellt werden sollte.

Je nach strategischer Ausrichtung des Krankenhauses und vorhandener Kernkompetenzen, sind die konkreten Behandlungspfade, die verfolgten Ziele und die damit verbundenen Kennzahlen im Rahmen einer Balanced Scorecard individuell zu entwickeln. Das Ziel, mit der Balanced Scorecard das klinische Prozessmanagement in die Lage zu versetzen, die klinischen Behandlungspfade aktiv zu steuern, ist hingegen stets gegeben. In der Literatur finden sich für die einzelnen Perspektiven einer Balanced Scorecard für klinische Behandlungspfade typische Kennzahlen, die in der Tab. 1.10 beispielhaft aufgeführt sind.[179] Die Auflistung ist nicht abschließend.

---

[178]Vgl. Greiling et al. (2004), S. 116–118.

[179]Vgl. Greiling et al. (2004), S. 123–138, Greiling (2004b), S. 283–285 und Harder (2005), S. 63–68.

Tab. 1.10 Kennzahlen einer Balanced Scorecard für einen Behandlungspfad (eigene Darstellung)

Perspektive	Mögliche Kennzahlen und Indikatoren
Finanz-perspektive	• Finanzielle Ergebnisgrößen, wie z. B. Umsatz pro Verweildauertag, Gesamtkosten je Verweildauertag, Ø Kosten für den medizinischen Bedarf, Ø Prozesskosten usw. • Krankenhaustypische Leistungsgrößen, wie z. B. Fallzahl, Casemix-Punkte, Casemix-Index, Ø Verweildauer usw.
Kunden-perspektive	• Wiederempfehlungsrate • Index für Patientenzufriedenheit aus regelmäßig durchgeführten Patientenbefragungen • Ergebnisoutputgrößen, je nach klinischem Behandlungspfad, wie z. B. Gehfähigkeit, Dekubitusrate, Sterberate, Komplikationsrate, Wiederaufnahmequote usw.
Prozess-perspektive	• Zeitintervalle für unterschiedliche Prozesszeiten, wie z. B. Ø Dauer der Einschleusung bis Ausschleusung des Patienten im OP-Bereich, Ø Dauer Schnitt-Naht-Zeit, Ø Dauer der Rüstzeiten im OP, Ø Dauer Aufnahme bis zur ersten radiologischen Diagnostik (z. B. CT oder MR), Ø durchgeführte Team-Timeouts usw. • Zeitpunkte im Behandlungsprozess, wie z. B. Zeitpunkt der Entlassung, Zeitpunkt der Zuweisung des Patientenzimmers/Patientenbettes usw. • Kennzahlen bzgl. der Nutzung des klinischen Behandlungspfads, z. B. Anteil der Pfadpatienten, Anteil der Pfadabbrüche, Anteil der Pfadabbrüche je Abbruchsgrund, Anteil der vollständig ausgefüllten Pfaddokumentation usw.
Potenzial-perspektive	• Mitarbeiterbezogenen Kennzahlen bezogen auf die Mitarbeiter aus dem Pfadteam, wie z. B. Zufriedenheit, Fluktuation, Krankheitsquote, Fort- und Weiterbildungsquote, Ø Überstunden pro Mitarbeiter usw. • Infrastrukturkennzahlen, wie z. B. Anteil IT-gestützte Pfaddokumentation, Ø Anzahl der nicht zur Verfügung stehenden apparativen diagnostischen Geräte usw.

Wie zu erkennen ist, werden durch die klinischen Behandlungspfade wesentliche Messgrößen des Qualitäts- und Risikomanagements in den Perspektiven transparent dargestellt. So finden sich insbesondere auf der Kundenperspektive Kennzahlen zur Ergebnisqualität, auf der Prozessperspektive Kennzahlen zur Prozessqualität und auf der Potenzialperspektive Kennzahlen zur Strukturqualität wieder. Risikokennzahlen als Frühindikatoren lassen sich ebenfalls in den genannten Perspektiven darstellen, insbesondere auf der Ebene der Prozessperspektive.

In der Literatur sind Beispiele zu finden, die eine eigenständige Qualitätsperspektive für Krankenhäuser empfehlen, um der hohen strategischen Bedeutung entsprechendes Gewicht zu verleihen.[180] Vor dem Hintergrund des in Abschn. 1.2.3.2 erläuterten Zusammenhangs zwischen Qualitäts- und Risikomanagement, ist damit auch das Risikomanagement in der Qualitätsperspektive abgebildet. Abgeleitet für eine Balanced Scorecard für einen klinischen Behandlungsprozess würde sich damit die in der Abb. 1.35 dargestellte Struktur ergeben.

---

[180]Vgl. Reisner (2003), S. 96.

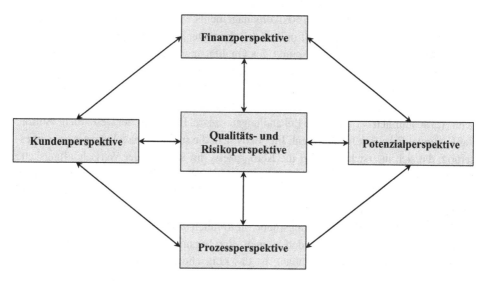

Abb. 1.35 Balanced Scorecard mit Qualitäts- und Risikoperspektive (eigene Darstellung, modifiziert nach Reisner 2003, S. 95)

Diese Struktur bietet sich unter Berücksichtigung der im zweiten Kapitel herausgearbeiteten Anforderungen an das Qualitäts- und Risikomanagement an. Mit dieser Struktur und den entsprechenden Rahmenbedingungen kann die Betonung der für die Zukunft wesentlichen strategischen Erfolgsfaktoren gelingen.

1.5 Schlussbetrachtung

Klinische Behandlungspfade können als Instrument des Qualitäts- und Risikomanagements sinnvoll eingesetzt werden. Wie unter Abschn. 1.3.3 zusammenfassend dargestellt, sind die Zielsetzungen des Qualitäts- und Risikomanagements[181] und die Ziele der klinischen Behandlungspfade[182] nahezu identisch. Auch die Voraussetzungen und der theoretische Rahmen entsprechen sich. Die Auswirkungen der klinischen Behandlungspfade[183] sind im Qualitäts- und Risikomanagement spürbar.

Wie unter Abschn. 1.2.3.2 erläutert, kann das klinische Risikomanagement als Bestandteil des Qualitätsmanagements angesehen werden. Das klinische Risikomanagement übernimmt dabei die wesentliche Aufgabe, Fehler zu reduzieren bzw. zu vermeiden. Als Ansatzpunkt werden Risiken minimiert, um Fehler nicht entstehen zu lassen.[184] Verbesse-

---

[181] Zu den Zielsetzungen des Qualitätsmanagements im Krankenhaus vgl. Abschn. 1.2.1.3, zu den Zielsetzungen des Risikomanagements im Krankenhaus vgl. Abschn. 1.2.2.3.

[182] Zu den Zielsetzungen der klinischen Behandlungspfade vgl. Abschn. 1.3.1.2.

[183] Zu den Auswirkungen der klinischen Behandlungspfade vgl. Abschn. 1.3.1.3.

[184] Vgl. Abschn. 1.2.2.3.

rungen im Bereich des klinischen Risikomanagements wirken sich positiv auf das Qualitätsmanagement aus. Die Qualität in den einzelnen Qualitätsdimensionen[185] wird erhöht. Dabei ist der wesentliche Bezugspunkt des Qualitätsmanagements der Behandlungsprozess und bezogen auf den Behandlungsprozess die Prozessoptimierung zur Erreichung einer Qualitätsverbesserung.[186]

Im Mittelpunkt der klinischen Behandlungspfade stehen ebenfalls, wie im Abschnitt Abschn. 1.3 ausführlich dargelegt, die Behandlungsprozesse. Hierbei ist der wesentliche Auftrag das kontinuierliche Pfadmanagement. Im Fokus steht die stetige Behandlungsprozessverbesserung, die sich in erster Linie auf die Kernprozesse im Rahmen der Wertschöpfungskette bezieht.[187] Klinische Behandlungspfade haben nicht den Anspruch, alle Behandlungsprozesse abzubilden. Es werden die strategisch bedeutsamen Behandlungsprozesse identifiziert und entsprechend aufbereitet.[188]

Damit die klinischen Behandlungspfade im Rahmen des Qualitäts- und Risikomanagements zielführend eingesetzt werden können, sind organisatorische Rahmenbedingungen notwendig. In diesem Zusammenhang ist das klinische Prozessmanagement, wie unter Abschn. 1.4.1 dargestellt, hervorzuheben. Damit das klinische Prozessmanagement als organisatorischer Rahmen greifen kann, ist grundlegend eine prozessorientierte Organisationsstruktur von Vorteil, wie in Abschn. 1.4.1.2 erläutert. Das klinische Prozessmanagement verantwortet vor diesem Hintergrund den kontinuierlichen Verbesserungsprozess und nutzt für die Umsetzung der Verbesserungsprozesse die klinischen Behandlungspfade als Instrument, wie in Abschn. 1.4.1.3 ausgeführt. Das klinische Prozessmanagement übernimmt damit die Aufgaben des kontinuierlichen Pfadmanagements.

Damit das klinische Prozessmanagement institutionalisiert werden kann, wird eine Instanz bzw. Abteilung benötigt, die die entsprechenden Aufgaben übernimmt. Unter Abschn. 1.4.2.1 wurde vor diesem Hintergrund das Casemanagement erläutert und unter Abschn. 1.4.2.2 in Beziehung zum klinischen Prozessmanagement gesetzt. Ein organisatorisches Modell wurde erarbeitet, das die zwei Ebenen des Casemanagements mit dem klassischen Organisationsmodell des klinischen Prozessmanagements[189] verbindet. Das Casemanagement ist bei entsprechenden organisatorischen Rahmenbedingungen in der Lage, sowohl auf der strategischen als auch auf der operativen Ebene als Motor des klinischen Prozessmanagements zu agieren. Das Casemanagement verantwortet vor diesem Hintergrund die kontinuierliche Prozessoptimierung.

Um den kontinuierlichen Verbesserungsprozess stetig durchführen und die Behandlungsprozesse aktiv steuern zu können, ist Transparenz notwendig. Diese Transparenz kann, wie unter Abschn. 1.4.3.1 dargestellt wurde, durch Kennzahlensysteme geschaffen

---

[185] Zu den Qualitätsdimensionen vgl. Abschn. 1.2.1.2.

[186] Vgl. Abschn. 1.2.1.3.

[187] Vgl. Abschn. 1.3.2.3.

[188] Zu den Auswahlkriterien der in Frage kommenden Krankheitsbilder vgl. Abschn. 1.3.2.2.

[189] Zum klassischen Modell des klinischen Prozessmanagements vgl. Abschn. 1.4.1.2.

werden. Dabei bietet sich als innovatives Kennzahlensystem die Balanced Scorecard[190] an. Mit der Balanced Scorecard werden nicht nur ökonomische Größen, sondern auch weitere wesentliche Informationen aus anderen Themenbereichen dargestellt. Die Balanced Scorecard lässt sich durch das Casemanagement im Rahmen des klinischen Prozessmanagements nutzen, um behandlungspfadbezogene Kennzahlen abzubilden, wie unter Abschn. 1.4.3.3 beschrieben. Damit erhält das Casemanagement ein Werkzeug zur Steuerung der Behandlungsprozesse an die Hand und kann im Zeitverlauf den Erfolg der Prozessoptimierung kontrollieren und nachvollziehen.

Anhand der Ausführungen ist zu erkennen, dass klinische Behandlungspfade nicht isoliert betrachtet werden können. Klinische Behandlungspfade benötigen entsprechende Rahmenbedingungen und Verantwortlichkeiten. Nur dann ist eine dauerhafte Nutzung der klinischen Behandlungspfade zu gewährleisten. Das kontinuierliche Pfadmanagement ist dabei entscheidend. Ohne eine entsprechende Institutionalisierung, wie im Rahmen dieser Arbeit über das klinische Prozessmanagement dargestellt, werden die klinischen Behandlungspfade bei den Leistungserbringern im Krankenhaus keine Akzeptanz erfahren.

In diesem Zusammenhang ist die Rolle der Geschäftsleitung hervorzuheben. Die Geschäftsleitung als Auftraggeber kann dem Thema entsprechendes Gewicht verleihen. Dabei ist eine offene Kommunikation der strategischen Notwendigkeit zu empfehlen, um die Leistungserbringer im Krankenhaus inhaltlich zu überzeugen und für die notwendigen organisatorischen Veränderungsprozesse zu motivieren. Die Einführung und Umsetzung von klinischen Behandlungspfaden und die damit einhergehenden organisatorischen Veränderungen können nur gelingen, wenn die Geschäftsleitung von der Wichtigkeit und Richtigkeit der Maßnahme überzeugt ist und die Leistungserbringer mit an Bord sind.

Es kann festgehalten werden, dass vor dem Hintergrund der Änderungen im KHSG die Themen Qualität und Risiko endgültig auf die strategische Agenda der Geschäftsleitungen kommen werden. Auch wenn die genaue Ausgestaltung der monetären Bonus- und Malus-Regelungen noch nicht abschließend geklärt ist, wird ein ökonomischer Druck entstehen, der sich dem Druck aus der Öffentlichkeit, der bei den Themen Qualität und Risiko schon immer herrschte und von der Politik in jüngster Zeit noch verschärft wurde, anschließt. Klinische Behandlungspfade können auf dieser Bühne eine Hauptrolle spielen und als Instrument des Qualitäts- und Risikomanagements einen wichtigen Beitrag leisten.

Literatur

Bitz H (2000) Risikomanagement nach KonTraG: Einrichtung von Frühwarnsystemen zur Effizienzsteigerung und zur Vermeidung persönlicher Haftung. Schäffer-Poeschel, Stuttgart
Bühle EH (2014) Erfolgreiche Strategien zur Fehlervermeidung, -erkennung und -korrektur sowie zur Fehlerbehebung. Analogien zur Luftfahrt. In: Merkle W (Hrsg) Risikomanagement und Fehlervermeidung im Krankenhaus. Springer, Berlin, S 41–58

---

[190] Zur Balanced Scorecard vgl. Abschn. 1.4.3.2.

Bundesgesundheitsministerium (2016) Krankenhausstrukturgesetz (KHSG). Die Schwerpunkte des Gesetzes. https://www.bundesgesundheitsministerium.de/themen/krankenversicherung/krankenhausstrukturgesetz/khsg.html. Zugegriffen am 01.05.2017

Conrad H-J (2001) Balanced Scorecard als modernes Management-Instrument im Krankenhaus. Baumann, Kulmbach

Coombes ID, Stowasser DA, Coombes JA, Mitchell C (2008) Why do interns make prescribing errors? A qualitative study. Med J Aust 2008(188/2):89–94

Eiff W v (2006) Das verborgene Krankenhaus: Unterschätzte Risiken gefährden Patienten. In: Eiff W v (Hrsg) Risikomanagement. Kosten-/Nutzen-basierte Entscheidungen im Krankenhaus. WIKOM, Wegscheid, S 161–187

Euteneier A (2015) Einführung – Was bedeutet klinisches Risikomanagement?. In: Handbuch Klinisches Risikomanagement. Grundlagen, Konzepte, Lösungen – medizinisch, ökonomisch, juristisch. Springer, Heidelberg, S 3–9

Euteneier A, Bauer H (2015) Grundsätzliche Aspekte des klinischen Risikomanagements. In: Euteneier A (Hrsg), Handbuch Klinisches Risikomanagement. Grundlagen, Konzepte, Lösungen – medizinisch, ökonomisch, juristisch. Springer, Heidelberg, S 59–82

Ewers M (2005) Das anglo-amerikanische Case Management: Konzeptionelle und methodische Grundlagen. In: Ewers M, Schaeffer D, Case Management in Theorie und Praxis, 2. ergänz. Aufl. Huber, Bern, S 53–85

Fischer F-J (2002) Clinical Pathways und Evidence-based Medicine (EbM) – Perspektiven für die Optimierung von Behandlungsabläufen. In: Hellmann W (Hrsg), Klinische Pfade – Konzepte, Umsetzungen, Erfahrungen. ecomed-Storck: Landsberg/Lech, S 206–223

Franke DH (2007) Krankenhaus-Management im Umbruch. Konzepte – Methoden – Projekte. Kohlhammer, Stuttgart

Führing M, Gausmann P (2004) Klinisches Risikomanagement im DRG-Kontext. Integration von Risiko-Kontrollpunkten in klinische Pfade. Kohlhammer, Stuttgart

Gaitanides M, Scholz R, Vrohlings A (1994) Prozessmanagement, Grundlagen und Zielsetzung. In: Gaitanides M, Scholz R, Vrohlings A, Raster M (Hrsg), Prozeßmanagement: Konzepte, Umsetzungen und Erfahrungen des Reengineering. Hanser, München, S 6–19

Gausmann P (2006) Risikomanagement und geplante Behandlungspfade. In: Eiff W von (Hrsg), Risikomanagement. Kosten-/Nutzen-basierte Entscheidungen im Krankenhaus. WIKOM, Wegscheid, S 188–201

G-BA (2014) Qualitätsmanagement-Richtlinie Krankenhäuser/KQM-RL. Richtlinie des Gemeinsamen Bundesausschusses über grundsätzliche Anforderungen an ein einrichtungsinternes Qualitätsmanagement für nach § 108 SGB V zugelassene Krankenhäuser, zuletzt geändert am 23. Januar 2014, veröffentlicht im Bundesanzeiger (BAnz AT 16.04.2014 B4), in Kraft getreten am 17. April 2014

G-BA (2016) Qualitätsmanagement-Richtlinie/QM-RL. Richtlinie des Gemeinsamen Bundesausschusses über grundlegende Anforderungen an ein einrichtungsinternes Qualitätsmanagement für Vertragsärztinnen und Vertragsärzte, Vertragspsychotherapeutinnen und Vertragspsychotherapeuten, medizinische Versorgungszentren, Vertragszahnärztinnen und Vertragszahnärzte sowie zugelassene Krankenhäuser, in der Fassung vom 17. Dezember 2015, veröffentlicht im Bundesanzeiger (BAnz AT 15.11.2016 B2), in Kraft getreten am 16. November 2016

Georg J (2009) Klinisches Risikomanagement. In: Haubrock M, Schär W (Hrsg), Betriebswirtschaft und Management in der Gesundheitswirtschaft, 5., volls. überarb. u. erw. Auf. Hogrefe, Bern, S 516–528

Gesetz zur Reform der Strukturen der Krankenhausversorgung (2015) Vom 10. Dezember 2015, Bundesgesetzblatt Jahrgang 2015 Teil I Nr. 51, ausgegeben zu Bonn am 17. Dezember 2015

Göbel D (2011) Für alle Fälle. Casemanagement im Krankenhaus lohnt sich. Führen und Wirtschaften im Krankenhaus 2011(2):178–180

Graebe-Adelssen JS (2003) Risk Management – die Sicht von außen. In: Graf V, Felber A, Lichtmannegger R (Hrsg) Risk Management im Krankenhaus. Risiken begrenzen und Kosten steuern. Luchterhand, Neuwied, S 17–35

Greiling M (2004a) Einführung in das Klinische Prozessmanagement. In: Greiling M (Hrsg), Pfade durch das Klinische Prozessmanagement. Kohlhammer, Stuttgart, S 15–26

Greiling M (2004b) Evaluation des Klinischen Prozessmanagements mit Hilfe der Balanced Scorecard. In: Greiling M (Hrsg), Pfade durch das Klinische Prozessmanagement. Kohlhammer, Stuttgart, S 271–285

Greiling M (2007) Patientenbehandlungspfade optimieren – Prozessmanagement im Krankenhaus, 2. Aufl. Mediengruppe Oberfranken, Kulmbach

Greiling M, Osygus M (2014) Prozessmanagement – Der Pfad- und Prozesskostenmanager für die Patientenversorgung. Mediengruppe Oberfranken, Kulmbach

Greiling M, Hessel M, Berger K (2004) Pfadmanagement im Krankenhaus – Führen mit Kennzahlensystemen. Kohlhammer, Stuttgart

Hahne B (1999) Beitrag zur Entwicklung eines modularen TQM-Modells für das Krankenhauswesen. Fraunhofer IRB, Berlin

Hahne B (2011) Qualitätsmanagement im Krankenhaus. Konzepte, Methoden, Implementierungshilfen. Symposium Publishing, Düsseldorf

Harder K (2005) Wer die Prozesse beherrscht, beherrscht das Unternehmen. Die Integration von Clinical Pathways in die Balanced Scorecard eines Krankenhauses. In: Oberender PO (Hrsg) Clinical Pathways. Facetten eines neuen Versorgungsmodells. Kohlhammer, Stuttgart, S 59–69

Haubrock M (2009) Kennzahlensysteme. In: Haubrock M, Schär W (Hrsg) Betriebswirtschaft und Management in der Gesundheitswirtschaft, 5., vollst. überarb. u. erw. Aufl. Hogrefe, Bern, S 441–463

Haupt T (2009) Funktionen und Effekte klinischer Behandlungspfade. Bibliomed, Melsungen

Hensen P (2016) Qualitätsmanagement im Gesundheitswesen. Grundlagen für Studium und Praxis. Springer Gabler, Wiesbaden

Hindle D (2007) Nutzen, Grenzen und Potenziale Klinischer Behandlungspfade – ausgewählte Studienergebnisse. In: Roeder N, Küttner T, Klinische Behandlungspfade – Mit Standards erfolgreicher arbeiten. Deutscher Ärzte-Verlag, Köln, S 73–77

Horváth & Partner (Hrsg) (2000) Balanced Scorecard umsetzen. Schäffer-Poeschel, Stuttgart

Kahla-Witzsch HA (2005) Praxis des Klinischen Risikomanagement. ecomed-Storck, Landsberg/Lech

Kahla-Witzsch HA (2011) Medizinisches Risikomanagement – Grundlagen zur Umsetzung und Planung. In: Hellmann W, Ehrenbaum K, Umfassendes Risikomanagement im Krankenhaus – Risiken beherrschen und Chancen erkennen. Medizinisch Wissenschaftliche Verlagsgesellschaft, Berlin, S 211–238

Kahla-Witzsch HA, Geisinger T (2004) Clinical Pathways in der Krankenhauspraxis. Ein Leitfaden. Kohlhammer, Stuttgart

Köck CM (2004) Qualitätsmanagement: Definition und Abgrenzung. In: Lauterbach KW, Schrappe M, Gesundheitsökonomie, Qualitätsmanagement und Evidence-based Medicie. Eine systematische Einführung, 2., überarb. u. erw. Aufl. Schattauer, Stuttgart

Kohn LT, Corrigan JM, Donaldson MS (1999) To err is human. Building a safer health system. Committee on Quality of Health Care in America. National Academies Press, Washington, DC

Korn M (2013) Kreuz und quer. In: Goepfert A, Conrad CB (Hrsg) Unternehmen Krankenhaus. Thieme, Stuttgart, S 168–177

Küpper H-U, Friedl G, Hofmann C, Hofmann Y, Pedell B (2013) Controlling. Konzeption, Aufgaben, Instrumente, 6., überarb. Aufl. Schäffer-Poeschel, Stuttgart

Küttner T (2014) Prozessmanagement und klinische Behandlungspfade, in: Roeder, N., Hensen, P., Franz, D. (Hrsg.), Gesundheitsökonomie, Gesundheitssystem und öffentliche Gesundheitspflege. Ein praxisorientiertes Kurzlehrbuch, 2., akt. Aufl. Deutscher Ärzte-Verlag, Köln, S 184–194

Küttner T, Roeder N (2007) Definition Klinischer Behandlungspfade. In: Roeder N, Küttner T (Hrsg) Klinische Behandlungspfade. Mit Standards erfolgreicher arbeiten. Deutscher Ärzte-Verlag, Köln, S 19–27

Küttner T, Rausch A, Pühse G, Roeder N (2007) Praktische Umsetzung – von der Idee zum fertigen Behandlungspfad. In: Roeder N, Küttner T (Hrsg) Klinische Behandlungspfade. Mit Standards erfolgreicher arbeiten. Deutscher Ärzte-Verlag, Köln, S 81–105

Löber N, Döbel J, Jürgensen JS (2014) Effiziente und sichere Prozesse durch klinische Behandlungspfade. Anwendungsbeispiele aus der Charité – Universitätsmedizin Berlin. KU Gesundheitsmanagement 2014(11):67–70

Lüngen M, Lauterbach KW (2003) DRG in deutschen Krankenhäusern. Umsetzung und Auswirkungen. Schattauer, Stuttgart

Middendorf C (2006a) Aufgaben, Inhalte und Ansatzpunkte des Risikomanagements. In: Eiff W v (Hrsg) Risikomanagement. Kosten-/Nutzen-basierte Entscheidungen im Krankenhaus. WIKOM, Wegscheid, S 58–81

Middendorf C (2006b) Klinisches Risikomanagement. Implikationen, Methoden und Gestaltungsempfehlungen für das Management klinischer Risiken in Krankenhäusern, 2. Aufl. LIT, Münster

Oswald J, Henrichs C, Asbach H, Zapp W (2011) Grundlagen zum Risikomanagement. In: Zapp W (Hrsg) Risikomanagement in Stationären Gesundheitsunternehmen. Grundlagen, Relevanz und Anwendungsbeispiele aus der Praxis. medhochzwei, Heidelberg, S 3–48

Pfannstiel MA, Weiß C (2016) Neue Herausforderungen an das Krankenhaus als Dienstleister im demografischen Wandel – ein Überblick. In: Hellmann W, Beushausen T, Hasebrook J (Hrsg) Krankenhäuser zukunftssicher managen – Aufgaben definieren, Fachabteilungen stärken, Prozesse organisieren. Kohlhammer, Stuttgart, S 9–21

Pietrowski D, Ennker J (2007) Begriffserklärung Risiko. In: Ennker J, Pietrowski D, Kleine P (Hrsg) Risikomanagement in der operativen Medizin. Steinkopff, Darmstadt, S 3

Rapp B (2013) Fallmanagement im Krankenhaus. Grundlagen und Praxistipps für erfolgreiche Klinikprozesse. Kohlhammer, Stuttgart

Rau F (2015) Das Krankenhausstrukturgesetz in der Gesamtschau. Das krankenhaus 2015(12):1121–1139

Rausch A (2007) Klinische Behandlungspfade aus Sicht der Pflege. In: Roeder N, Küttner T (Hrsg) Klinische Behandlungspfade. Mit Standards erfolgreicher arbeiten. Deutscher Ärzte-Verlag, Köln, S 46–50

Reason J (1990) Human error. Cambridge University Press, Cambridge

Reisner S (2003) Das Integrative Balanced-Scorecard-Konzept. Die praktische Umsetzung im Krankenhaus. Kohlhammer, Stuttgart

Roeder N, Küttner T (Hrsg) (2007) Klinische Behandlungspfade. Mit Standards erfolgreicher arbeiten. Deutscher Ärzte-Verlag, Köln

Roeder N, Bunzemeier H, Heumann M (2015) Das KHSG und seine potenziellen Auswirkungen auf die Leistungsvergütung der Krankenhäuser. Das krankenhaus 2015(7):626–635

Schäfer D, David DM (2004) Ärztliches Qualitätsmanagement als berufsspezifische Aufgabe. In: Lauterbach KW, Schrappe M, Gesundheitsökonomie, Qualitätsmanagement und Evidence-based Medicine. Eine systematische Einführung, 2., überarb. u. erw. Aufl. Schattauer, Stuttgart, S 303–310

Schick J, Jendges T (2007) Klinische Behandlungspfade aus Sicht des Krankenhausmanagements. In: Roeder N, Küttner T (Hrsg) Klinische Behandlungspfade. Mit Standards erfolgreicher arbeiten. Deutscher Ärzte-Verlag, Köln, S 32–40

Schlüchtermann J, Sibbel R, Prill M-A (2005) Clinical Pathways als Prozesssteuerungsinstrument im Krankenhaus. In: Oberender PO (Hrsg) Clinical Pathways. Facetten eines neuen Versorgungsmodells. Kohlhammer, Stuttgart, S 43–58

Schmitz F, Zaoui A (2010) Mit Hochleistungsprozessen die Zukunft absichern. KU Gesundheitsmanagement 2010(10):28–32

Schrappe M (2004) Patientensicherheit und Risk Management. Begriffe und Konzept. In: Lauterbach KW, Schrappe M, Gesundheitsökonomie, Qualitätsmanagement und Evidence-based Medicie. Eine systematische Einführung, 2., überarb. u. erw. Aufl. Schattauer, Stuttgart, S 334–340

Schrappe M (2015) Qualität 2030. Die umfassende Strategie für das Gesundheitswesen. Medizinisch Wissenschaftliche Verlagsgesellschaft, Berlin

Sens B (2010) Wie Pfade wirklich funktionieren. Integrierte Behandlungspfade als Instrument zur Umsetzung der Unternehmensstrategie. KU Gesundheitsmanagement 2010(11):54–57

Stölting S (2014) Vergleichende Analyse von Prozessmanagement und Case Management im Krankenhaus. In: Dahlgaard K, Stratmeyer P (Hrsg) Fallsteuerung im Krankenhaus. Effizienz durch Case Management und Prozessmanagement. Kohlhammer, Stuttgart, S 33–88

Töpfer A (2017) Analyse der Prozesslandschaft und Prozesssteuerung als Erfolgsvoraussetzung. In: Albrecht DM, Töpfer A (Hrsg) Handbuch Changemanagement im Krankenhaus – 20 Punkte Sofortprogramm für Kliniken, 2. Aufl. Springer, Berlin, S 189–216

Wendt WR (2002) Case Management: Stand und Positionen in der Bundesrepublik. In: Löcherbach P, Klug W, Remmel-Faßbender R, Wendt WR (Hrsg) Case Management. Fall- und Systemsteuerung in Theorie und Praxis. Luchterhand, Neuwied, S 13–35

Wendt WR (2015) Case Management im Sozial- und Gesundheitswesen. Eine Einführung, 6. überarbeitete und erweiterte Auflage. Lambertus, Freiburg im Breisgau

WHO (2011) Patient safety curriculum guide: multi-professional edition, Genf

Wolf K, Kossack P (2016) Qualitätsmanagement im Krankenhaus verstehen und anwenden. Die ISO 9001:2015 in Kliniken und anderen Einrichtungen des Gesundheitswesens. Symposium Publishing, Düsseldorf

Wolter B (2014) Grundlagen des Risikomanagements. In: Roeder N, Hensen P, Franz D (Hrsg), Gesundheitsökonomie, Gesundheitssystem und öffentliche Gesundheitspflege. Ein praxisorientiertes Kurzlehrbuch, 2., akt. Aufl. Deutscher Ärzte-Verlag, Köln, S 195–210

Zapp W, Oswald J (2010) Vorgehensweise der Prozessgestaltung. Konzeptionelle Fundierung. In: Zapp W (Hrsg), Prozessgestaltung in Gesundheitseinrichtungen. Von der Analyse zum Controlling, 2., vollst. überarb. u. erw. Aufl. Economica, Heidelberg, S 51–86

Zapp W, Beckmann A, Bettig U, Torbecke O (2010) Prozesse in Dienstleistungsunternehmen der Gesundheitswirtschaft. In: Zapp W (Hrsg), Prozessgestaltung in Gesundheitseinrichtungen. Von der Analyse zum Controlling, 2., vollst. überarb. u. erw. Aufl. Economica, Heidelberg, S 3–31

Zapp W, Oswald J, Neumann S, Wacker F (2015) Controlling und Reporting im Krankenhaus. Kohlhammer, Stuttgart

Ziegenbein R (2001) Klinisches Prozeßmanagement. Implikationen, Konzepte und Instrumente einer ablauforientierten Krankenhausführung, 2. Aufl. Bertelsmann Stiftung, Gütersloh

Risikomanagement im Gesundheitswesen – Analyse von zwei ausgewählten Verfahren: Critical Incident Reporting System (CIRS) und Global Trigger Tool (GTT)

Valerie-Celine Niemeijer

2.1 Problemstellung und Zielsetzung

„Patienten haben Anspruch auf eine medizinische Behandlung, die dem jeweils aktuellen Stand der Medizin nach gesicherten wissenschaftlichen Erkenntnissen entspricht. Wird die Behandlung nicht angemessen, sorgfältig, richtig oder zeitgerecht durchgeführt, so wird dies als Behandlungsfehler bezeichnet."[1] Und obwohl die Patientensicherheit im hippokratischen Eid („primum non nocere, secundum cavere, tertium sanare", zu deutsch: „erstens nicht schaden, zweitens vorsichtig sein, drittens heilen)"[2] und somit im ärztlichen Handeln einen zentralen Gesichtspunkt darstellt, lassen sich Behandlungsfehler, entgegen dem Bestreben aller beteiligter Berufsgruppen, nicht vermeiden.[3]

Aus der im Mai 2018 veröffentlichten Jahresstatistik des Medizinischen Dienstes von 2017 gehen 13.519 vermutete Behandlungsfehler in Deutschland hervor. Im Rahmen der Begutachtung ließen sich 3778 Fehler feststellen, 3337 Fehler mit einem Schaden und 2690 Fehler mit einer gutachterlich bestätigten Kausalität. Zwei Drittel der vermuteten Behandlungsfehler gehen aus einer stationären Behandlung hervor, ein Drittel aus einer ambulanten Versorgung. Die meisten Vorwürfe entstammen dem Fachgebiet der Orthopädie und Unfallchirurgie. Im Zusammenhang mit einer stationären Operation wurden 5318 Vorwürfe geäußert. In etwas mehr als 150 Fällen kam es zu einem Schaden mit Todesfolge

---

[1] MDS (2018), S. 5.
[2] Vgl. Schraml (2018), S. 16.
[3] Vgl. Riedel und Schmieder (2014), S. 174.

V.-C. Niemeijer (✉)
Osnabrück, Deutschland

© Der/die Autor(en), exklusiv lizenziert durch Springer Fachmedien Wiesbaden GmbH, ein Teil von Springer Nature 2020
W. Zapp (Hrsg.), *Qualitäts- und Risikomanagement im Krankenhaus*, Controlling im Krankenhaus, https://doi.org/10.1007/978-3-658-31491-0_2

und über 1000 Patienten erlitten einen Dauerschaden. In der Begutachtung wird darüber hinaus von einer „relevanten Dunkelziffer" gesprochen, da allein die Fälle untersucht werden, welche der Krankenkasse gemeldet werden.[4]

Dass besonders in Krankenhäusern mit Risiko- und Gefahrensituationen zu rechnen ist, nimmt die Bevölkerung nicht zuletzt über Berichte in den Medien wahr, die von Fehlbehandlungen oder Patientenverwechslungen handeln. Auf diese Weise wird das Bewusstsein der Gesellschaft im Hinblick auf Risiken geschärft und Patienten reagieren sensibler auf das Thema „Fehler" in der medizinischen Versorgung.[5] Die Notwendigkeit Risiken zu kontrollieren und zu minimieren und aus Fehlern zu lernen, hat der Gesetzgeber ebenfalls erkannt und die Führung eines Risikomanagements gesetzlich vorgeschrieben. Darüber hinaus wurden Mindeststandards für Risikomanagement- und Fehlermeldesysteme festgelegt[6] und Vergütungszuschläge für die Nutzung eines einrichtungsübergreifenden Fehlermeldesystems in Aussicht gestellt.[7]

Ein solches Fehlermeldesystem stellt das Critical Incident Reporting System (CIRS) dar, welches als Plattform fungiert, um aus Fehlern und/oder Beinahefehlern anderer zu lernen, mit dem Ziel, in Zukunft Schäden von Patienten abzuwenden.[8] Ein weiteres System, mit dem ein Überblick über die Patientensicherheit gegeben werden kann und Verbesserungsmaßnahmen abgeleitet werden können, ist das Global Trigger Tool (GTT). Es handelt sich dabei um eine retrospektive Screening-Methode, bei der eine vorgeschriebene Anzahl an Patientenakten auf Trigger beziehungsweise aufgetretene Patientenschäden hin untersucht werden.[9]

Ziel der Arbeit ist es, einen Überblick über das Themengebiet „Risikomanagement" zu geben und im Anschluss daran einen kritischen Vergleich der beiden genannten Systeme anzustellen. Die folgenden Forschungsfragen ergeben sich aus dem Kontext und werden im Verlauf der Arbeit thematisiert.

• Wie ist der Status quo bezüglich des Risikomanagement-Instruments Critical Incident Reporting System?
• Wie ist der Status quo bezüglich des Risikomanagement-Instruments Global Trigger Tool?
• Welche Gemeinsamkeiten und Unterschiede bestehen zwischen den beiden Systemen und welche Stärken und Schwächen resultieren daraus?

Das Kapitel „Risikomanagement im Gesundheitswesen – Analyse, Vorgehensweise und Kritische Würdigung von zwei ausgewählten Verfahren: Systeme Critical Incident Reporting System (CIRS) und Global Trigger Tool (GTT)" gliedert sich in vier Unterka-

---

[4] Vgl. MDS (2017), S. 7 ff.
[5] Vgl. Saßen (2018), S. 126.
[6] Vgl. Schmola (2016), S. 293 ff.
[7] GKV-Spitzenverband (2017), o. S.
[8] Vgl. Schmola (2016), S. 311.
[9] Vgl. Euteneier (2015), S. 563 f.

pitel. Nachdem im ersten Abschnitt die Relevanz des Themas und das Ziel der Arbeit herausgearbeitet wurden, werden im zweiten Abschnitt die konzeptionellen Grundlagen erläutert. Als theoretische Grundlage werden die Themen „Risiko" und „Risikomanagement" vorgestellt und die rechtlichen Rahmenbedingungen des Risikomanagements genannt. Bezug wird unter anderem auf die Fehlerkultur sowie Arten, Formen und ausgewählte Modelle des Risikomanagements genommen.

Um die Forschungsfragen beantworten zu können, werden im dritten Abschnitt, der praktischen Untersuchung, die zwei Systeme hinsichtlich der Historie, der rechtlichen Bedeutung, der Grundsätze und der Methodik sowie der Bedeutung für das Risikomanagement untersucht. Anschließend wird ein kritischer Vergleich der Systeme angestellt und die jeweiligen Stärken und Schwächen erläutert. Ein Fazit bildet den Abschluss dieses Kapitels.

2.2 Theoretische Grundlagen

2.2.1 Risiko

2.2.1.1 Spannweite des Begriffes Risiko

Der Begriff „Risiko" ist allgegenwärtig, jedes unternehmerische Handeln ist mit dem Eingehen von Risiken verbunden. Friedrich Schiller schrieb in dem ersten Teil seiner Trilogie „Wallenstein" aus dem Jahr 1796: „Die Weltkugel liegt vor Ihm offen, Wer nichts wagt, der darf nichts hoffen."[10] Dieses Zitat wurde im Laufe der Jahre mehr und mehr in den deutschen Sprachgebrauch übernommen und wurde zu einer festen Redewendung: „Wer nicht wagt, der nicht gewinnt". Auch in der Werbung findet sich dieser Ausspruch wieder, dort wird des Öfteren das Motto „no risk, no fun" genutzt.

Der Terminus „Risiko" lässt sich auf das italienische Wort „rischiare", zu Deutsch „Gefahr laufen", und weiter auf das lateinische Wort „risicare", welches so viel bedeutet wie „Klippen umschiffen", beziehungsweise „etwas wagen", zurückführen.[11]

Ausgangspunkt aller Definitionen ist eine anstehende unternehmerische Entscheidungssituation, in der es dem Entscheidungsträger objektiv nicht möglich ist, vollständige Kenntnis über zukünftige Ereignisse und deren Konsequenzen zu erlangen.[12] Die herangezogenen Definitionen der Literatur werden in Tab. 2.1 in alphabetischer Reihenfolge dargestellt.

Brühwiler (2016) greift in seiner Begriffsbestimmung viele wesentliche Aspekte des Begriffes „Risiko" auf, die ebenfalls von anderen Autoren verwendet wurden. Damit schafft er eine umfassend treffende Definition. Aus diesem Grund wird der Begriff „Risiko" in diesem Buch im Sinne von Brühwiler verstanden.

---

[10] Schiller (1834), S. 331.
[11] Vgl. Kluge (1975), S. 602.
[12] Vgl. Doege (2013), S. 9.

Tab. 2.1: Auflistung der Definitionen zum Thema „Risiko" (eigene Darstellung)

Autor	Definition
Brühwiler (2016)	„Der Begriff „Risiko" umfasst folgende Aspekte: • die Kombination von Wahrscheinlichkeit und Auswirkung, • die Auswirkungen können positiv oder negativ sein, • die Unsicherheit bzw. Ungewissheit wird mit Wahrscheinlichkeiten geschätzt bzw. ermittelt, • die Ziele der Organisation erstrecken sich auf die strategische Entwicklung […]. Die Tätigkeiten umfassen die operativen Aktivitäten […]. Die Anforderungen beziehen sich insbesondere auf Gesetze, Normen sowie weitere externe oder interne regulatorische Vorgaben, auch betreffend die Sicherheit von Menschen, Sachen und der Umwelt und • Risiko ist eine Folge von Ereignissen oder von Entwicklungen."[1]
DIN EN ISO 14971 (2013)	„Kombination der Wahrscheinlichkeit des Auftretens eines Schadens und des Schweregrades dieses Schadens."[2]
Duden (2018)	Risiko: „möglicher negativer Ausgang bei einer Unternehmung, mit dem Nachteile, Verlust, Schäden verbunden sind; mit einem Vorhaben, Unternehmen o. Ä. verbundenes Wagnis"[3]
Eller et al. (2010)	„Ein Risiko entsteht immer dann, wenn Unsicherheit über zukünftige Ereignisse – beispielsweise die Rohstoffpreis-, und Währungsentwicklung – besteht. Die Auswirkung des Risikos ist dann in einer negativen Abweichung von einem Erwartungswert (z. B. Plankostenrechnung) erkennbar. Positive Abweichungen vom Erwartungswert stellen dagegen eine Chance dar."[4]
Gleißner (2011)	„Risiko ist die aus der Unvorhersehbarkeit der Zukunft resultierende, durch „zufällige" Störungen verursachte Möglichkeit, von geplanten Zielen abzuweichen."[5] „In einer engen Definition beschreibt der Risikobegriff die Möglichkeit einer negativen Abweichung eines tatsächlichen von einem erwarteten Ergebnis (Verlust- oder Schadensgefahr)."[6]
Graebe-Adelssen (2003)	„Risiken sind ein Bestandteil von unternehmerischen Tätigkeiten und können beschrieben werden als Ereignisse oder Entwicklungen, die von innerhalb oder von außerhalb auf ein Unternehmen wirken können."[7] „Risiken eines Unternehmens lassen sich definieren als Ereignisse und mögliche Entwicklungen, innerhalb und außerhalb des Unternehmens, die sich negativ auf die Erreichung der Unternehmensziele auswirken können."[8]
Haller (2004)	„Möglichkeit, dass im Rahmen der Zielerreichungsprozesse – aufgrund von Erfolgsfaktoren wie Störprozessen – das Ergebnis von den zugrundeliegenden Erwartungen abweicht."[9]
Mühlbacher (2017)	„Im Allgemeinen werden unter „Risiko" alle Ereignisse und Entwicklungen innerhalb und außerhalb eines Unternehmens verstanden, die sich negativ auf die Erreichung der Unternehmensziele auswirken können. Unter „Risiko" versteht man in der betriebswirtschaftlichen Entscheidungslehre die Unsicherheit bei unternehmerischen Entscheidungen."[10]
Strohmeier (2007)	Risiko (Chance): „Ist die Eintrittsmöglichkeit einer zukünftig negativen (positiven) Abweichung von den gerechtfertigten Erwartungen eines Risikonehmers an das Verhalten eines zweckorientierten Systems."[11]

[1]Brühwiler (2016), S. 33

(Fortsetzung)

Tab. 2.1: (Fortsetzung)

[2]DIN EN ISO 14971:2013-04, S. 4
[3]Duden (2018), o. S.
[4]Eller et al. (2010), S. 28
[5]Gleißner (2011), S. 10
[6]Gleißner (2011), S. 10
[7]Graebe-Adelssen (2003), S. 19
[8]Graebe-Adelssen (2003), S. 19
[9]Haller (2004), S. 157
[10]Mühlbacher (2017), S. 473
[11]Strohmeier (2007), S. 34

2.2.1.2 Risiko – Arten

Nicht nur der Begriff „Risiko" wird vielfältig diskutiert und definiert, sondern auch die verschiedenen Arten von Risiko, welche sich in diverse Kategorien unterteilen lassen.

Jede unternehmerische Tätigkeit hat ein gewisses Risikopotenzial, diese Risiken können extern oder intern begründet sein, sogenannte exogene und endogene Risiken.[13] Unternehmensexterne Risiken ergeben sich durch Faktoren, die nicht unmittelbar beeinflusst werden können. Dazu zählen zum Beispiel Konjunkturschwankungen, Veränderungen der Nachfrage am Markt, veränderte Wettbewerbsbedingungen, aber auch Naturgewalten oder Wirtschaftskrisen können einen Einfluss haben.[14] Im Gegensatz dazu lassen sich die internen Risiken direkt beeinflussen und steuern. Endogene Risiken entstammen dem Unternehmensgeschehen an sich, sie sind die Folge von Entscheidungen, zum Beispiel aus der Leistungserstellung, der Beschaffung oder dem Personalwesen.[15] Zu den Gefahrenquellen zählen unter anderem Managementfehler, eine mangelnde Kapitalausstattung oder eine hohe Ausfallwahrscheinlichkeit bei Personal und Technik.[16]

Außerdem kann zwischen Primär- und Sekundärrisiken unterschieden werden. Diese entstehen, wenn bestimmte Maßnahmen ergriffen werden, um ein Risiko zu minimieren, sich in Folge dessen jedoch ein Sekundärrisiko ergibt. Ein Beispiel dafür wäre ein Unfall beim Klettern: einer der Bergsteiger stürzt und die anderen Kletterer, die auch an der Seilschaft gesichert sind, werden ebenfalls mitgerissen. Es wird ein bestimmtes Risiko verringert, wodurch aber nicht unmittelbar das Risiko für das gesamte Unternehmen reduziert wird.[17]

Als weitere Unterart sind reine Risiken und spekulative Risiken zu nennen. Reine Risiken sind dadurch charakterisiert, dass sie entweder zu einer negativen Veränderung eines Zustandes führen oder im besten Fall keinen Einfluss auf den Substanzwert eines Unternehmens haben. Dazu gehören zum Beispiel persönliche Risiken wie Krankheit oder Tod,

---

[13]Vgl. Romeike (2003), S. 168.
[14]Vgl. Romeike (2003), S. 168.
[15]Vgl. Romeike (2003), S. 168.
[16]Vgl. Schierenbeck und Lister (2002), S. 319.
[17]Vgl. Middendorf (2006), S. 20.

Eigentumsrisiken, wie die Beschädigung eines Wertgegenstandes, oder Haftungsrisiken.[18] Sie beinhalten ausschließlich Schadensgefahren, die durch eine Versicherung abgesichert werden können.[19] Im Gegensatz zu den reinen Risiken können spekulative Risiken Abweichungen in beide Richtungen hervorrufen. Es kann zu einer Vermehrung oder zu einer Verminderung des Vermögens kommen. Diese Risikoart liegt beispielsweise bei Innovationen, Glücksspielen oder bei einer Änderung der Vermarktungsstrategie vor.[20]

Die funktionsbereichbezogenen Risiken umfassen Risiken, die sich aus den einzelnen Unternehmensaufgaben ergeben. Dazu zählen die Bereiche Produktion, Personal, Beschaffung und viele weitere. Ein personalbezogenes Risiko wäre zum Beispiel der Verlust von Leistungsträgern oder Arbeitnehmern in Schlüsselpositionen.[21]

Eine Unterscheidung in Finanzrisiken und operationelle Risiken kann ebenfalls vorgenommen werden (Abb. 2.1). Finanzrisiken werden üblicher Weise durch Marktschwankungen von Preisen hervorgerufen, sie lassen sich weiter in Marktrisiken und Gegenparteirisiken untergliedern. Zu den Marktrisiken zählen das Optionsrisiko, das Zinsänderungsrisiko, das Aktienkursrisiko, das Währungsrisiko und das Rohstoffrisiko.[22] Bei dem Gegenparteirisiko handelt es sich um ein Risiko, welches entstehen kann, wenn eine Vertragsbeziehung mit einem Geschäftspartner eingegangen wird. Darunter fällt typischerweise das Kreditausfallrisiko. Aus den Marktrisiken und den Gegenparteirisiken können sich kurzfristig Liquiditätsrisiken ergeben, das heißt, die Zahlungsfähigkeit des Unternehmens wäre gefährdet.[23]

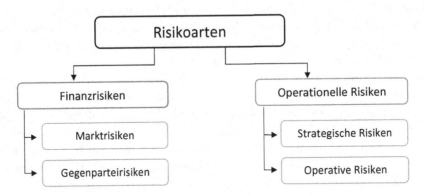

Abb. 2.1 Beispielhafte Darstellung von Risikoarten (eigene Darstellung in Anlehnung an Romeike 2003)

---

[18]Vgl. Callies (1991), S. 47.

[19]Vgl. Weißensteiner (2014), S. 12.

[20]Vgl. Callies (1991), S. 47.

[21]Vgl. Romeike (2003), S. 168.

[22]Vgl. Romeike (2003), S. 169.

[23]Vgl. Straßer und Koch (2015), S. 51 ff.

Zudem kann auf der Seite der operationellen Risiken zwischen strategischen und operativen Risiken unterschieden werden. Strategische Risiken resultieren unmittelbar aus der beschlossenen Strategie. Die Realisierbarkeit der Strategie kann durch das Eintreten der Risiken erheblich beeinflusst werden.[24] Ein Beispiel für eine Fehlentscheidung wäre der Aufbau eines neuen Betätigungsfeldes oder auch das Beenden einer Produktlinie.[25] Durch das Eintreten eines solchen Risikos kann es zu einer Dämpfung des Unternehmenserfolges kommen oder im Weiteren zu einer Bestandsgefährdung.[26]

Operative Risiken haben ihren Ursprung in der Organisation selbst, es handelt sich dabei um Risiken aus den operativen Prozessen des Unternehmens.[27] Ein solches Risiko kann eintreten, wenn zum Beispiel leichtsinnig mit Gefahrenstoffen umgegangen wird und in Folge dessen ein Personenschaden entsteht. Als Subgruppen sind personalbezogene Risiken, technologische Risiken beziehungsweise Prozessrisiken, organisatorische Risiken und externe Risiken zu nennen.[28] Ein Risiko lässt sich nicht ausschließlich einer Gruppe zuordnen, vielmehr existieren einige Überlappungen innerhalb der einzelnen Risikoarten, sodass ein unternehmensexternes Risiko auch zeitgleich ein funktionsbereichsbezogenes Risiko sein kann.

2.2.1.3 Risiko – Fehler

Für den Begriff „Fehler" liegen verschiedenste Definitionen, Beschreibungen und Synonyme vor. In der Wissenschaft unterscheiden sich Fehler je nach Disziplin in ihrer Bezeichnung, Art und Ursache. Helmut Paula definiert den Begriff „Fehler" im Zusammenhang mit dem Risikomanagement als „geplante Vorgehensweise [...], die nicht planmäßig vollendet wurde, oder als Anwendung einer ungeeigneten Vorgehensweise."[29] Eine weitere gültige Fehlerdefinition stammt von Gesine Hofinger, sie beantwortet die Frage, was Fehler seien wie folgt: „Fehler sind eine Abweichung von einem als richtig angesehenen Verhalten oder von einem gewünschten Handlungsziel, das der Handelnde eigentlich hätte ausführen beziehungsweise erreichen können."[30] Nach diesen Definitionen muss ein Fehler nicht zwangsläufig zu einem negativen Ergebnis führen. Im deutschen Sprachgebrauch wird der Fehlerbegriff jedoch meistens mit persönlichem Versagen, Schuld oder Strafe in Verbindung gebracht. In Krankenhäusern oder anderen Gesundheitseinrichtungen wird häufig angenommen, dass Inkompetenz oder Nachlässigkeit die Ursache für Fehler seien.[31]

Es lassen sich jedoch noch diverse andere Ursachen und somit auch weitere Arten von Fehlern differenzieren. Ein Unternehmen, in dem die Elemente Mensch und Technik mit-

---

[24] Vgl. Gleißner (2007), S. 65.

[25] Vgl. Romeike (2003), S. 169.

[26] Vgl. Gleißner (2007), S. 65.

[27] Vgl. Anders und van den Brink (2013), S. 241.

[28] Vgl. Romeike (2003), S. 169.

[29] Paula (2017), S. 5.

[30] Hofinger (2008), S. 37.

[31] Vgl. Paula (2017), S. 5.

einander verknüpft sind, nennt sich soziotechnisches System.[32] Der Krankenhausbetrieb stellt ein solches System dar.[33] In einem derartigen System können Risiken vor allem aus technischen Fehlern, Organisationsfehlern und menschlichem Fehlverhalten entstehen. Diese drei Arten werden nachfolgend erläutert.

Technische Fehler können auftreten, wenn technische Anlagen oder Geräte ausfallen oder defekt sind. Ursächlich dafür können Fehler bei der Produktion oder Konstruktion sein.[34]

„Ein Organisationsfehler liegt vor, wenn ein Schaden entsteht, der durch fehlende ordnungs- und anforderungsgerechte Organisation des Unternehmens verursacht ist."[35] Im Gesundheitswesen, zum Beispiel in einem Krankenhaus, tragen die Chefärzte, die Pflegedienstleitungen oder auch die Verwaltungsdirektion die Organisationsverantwortung. Sie müssen dafür sorgen, dass die Pflichten, die sich aus einem totalen Krankenhausaufnahmevertrag[36] ergeben, nicht verletzt werden. Mögliche Organisationsfehler wären der Einsatz von nicht ausreichend qualifiziertem oder übermüdetem Personal, eine unklare Regelung der Zuständigkeiten oder auch Mängel in der Dokumentation.[37]

Das selbstständige Denken und Handeln sowie die strategische Handlungsplanung, durch die sich der Mensch auszeichnet, bringen nicht nur Vorteile mit sich, so können unter Umständen auch Fehler durch menschliches Fehlverhalten auftreten. Der englische Psychologe Prof. James Reason unterscheidet in seinem Buch „Human Error" drei Arten von Fehlleistungen: Fähigkeitsbasierte Fehler, sogenannte Schnitzer/Patzer, regelbasierte Fehler und wissensbasierte Fehler (siehe Abb. 2.2). Diese lassen sich den zwei Grundformen menschlichen Fehlverhaltens zuordnen, den Ausführungsfehlern und den Planungsfehlern. Fähigkeitsbasierte Fehler zählen zu den Ausführungsfehlern, regelbasierte und wissensbasierte Fehler zu den Planungsfehlern.[38] Bei der ersten Form von Fehlverhalten, den Ausführungsfehlern, sind die Maßnahmen richtig gewählt, allerdings verläuft die Handlung nicht wie geplant. Im Gegensatz dazu entstehen bei regelbasierten Fehlern Mängel schon bei dem Planen einer anstehenden Handlung. Im Laufe des Prozesses werden Maßnahmen beziehungsweise Mittel herangezogen, die für die Zielerreichung ungeeignet sind. Dies führt zwangsläufig zu einem Misserfolg.[39]

Ursächlich für die Entstehung von Schnitzern und Patzern kann Unachtsamkeit oder eine fehlende Wahrnehmung bei der Ausführung der Tätigkeit sein. Möglich ist jedoch

---

[32] Vgl. Marco (2011), S. 112.

[33] Vgl. Seelos (1991), S. 14.

[34] Vgl. Middendorf (2006), S. 31.

[35] Schlagowski (2015), S. 73.

[36] Dienstvertrag zwischen einem Patienten und dem Krankenhaus, in dem die ärztlichen, pflegerischen, heilhilfsberuflichen und medizinisch-technischen Maßnahmen sowie die Unterkunft und die Verpflegung geregelt sind. (http://www.rechtslexikon.net/d/krankenhaus/krankenhaus.htm).

[37] Vgl. Paula (2017), S. 179 f.

[38] Vgl. Reason (1997), S. 224 ff.

[39] Vgl. Reason (1994), S. 81 ff.

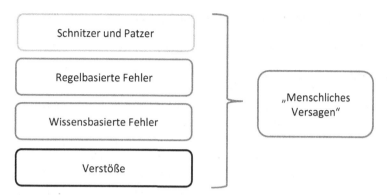

Abb. 2.2   Ursachen für menschliches Versagen (eigene Darstellung in Anlehnung an Reason 1994)

auch das genaue Gegenteil. Eine Überaufmerksamkeit kann dazu führen, dass Routineaufgaben unterbrochen und durch bewusstes Handeln negativ beeinflusst werden.[40]

Als weitere Art von Fehlern sind die regelbasierten Fehler zu nennen, diese entstehen durch die Anwendung von Regeln, welche ein bestimmtes Problem lösen sollen. Es kann dabei zu zwei Szenarien kommen: Zum einen kann die Regel an sich korrekt, aber für die bestimmte Situation unpassend sein. Zum anderen kann aber auch die Regel selbst schon Fehler beinhalten und so negative Folgen mit sich bringen.

Bei wissensbasierten Fehlern hingegen bestehen noch keine Regeln zur Problemlösung, diese Probleme entstehen zum Beispiel aufgrund von Fehlwahrnehmungen, falschen Interpretationen oder mangelnder Kontrolle bei der Konfrontation mit neuen, unbekannten Situationen.[41]

Die bisher genannten Fehlerursachen sind von der nächsten Ursache menschlichen Versagens, den Verstößen, abzugrenzen. Verstöße sind Abweichungen von Regeln, Prozessen oder Standards, die fahrlässig oder vorsätzlich begangen werden. In der Regel werden diese jedoch in positiver Absicht begangen. Es kann zwischen notwendigen Verstößen, Routineverstößen und optimierenden Verstößen unterschieden werden.[42] Diese Arten werden in diesem Buch jedoch nicht näher erläutert, da sie für das Verständnis der beiden untersuchten Systeme nicht relevant sind.

Als letzte Unterscheidung des menschlichen Versagens lassen sich aktive und latente Fehler differenzieren. Aktive Fehler treten direkt an vorderster Front auf, an der Mensch-System Schnittstelle. Dabei kann es sich um eine Mensch-Mensch Schnittstelle oder eine Mensch-Maschine Schnittstelle handeln, beispielhaft dafür wäre die falsche Bedienung eines Beatmungsgerätes durch klinisches Personal. Aktive Fehler führen unmittelbar zu einem negativen Effekt. Latentes Fehlverhalten hingegen kann lange im Voraus begangen worden sein und wird oftmals erst nach einiger Zeit durch andere kleinere Feh-

---

[40] Vgl. Paula (2017), S. 50.

[41] Vgl. Paula (2017), S. 50 f.

[42] Vgl. Middendorf (2006), S. 36.

ler aufgedeckt. In der Regel sind Fehlentscheidungen des mittleren und oberen Managements der Auslöser dafür, dass sich unter ungünstigen Umständen und unsicherem Handeln einzelner Personen ein Unglück ereignet.[43, 44]

Ein Fehler ist meist der Ausgangspunkt für ein Risiko und dessen negative Ergebnisse. Daher sind Risiken zu vermeiden, auszuschalten, oder die Folgen zu begrenzen. Ein Null-Fehler-Ansatz wäre das oberste Ziel, dies ist in der Realität jedoch nicht umsetzbar. Aus diesem Grund werden Möglichkeiten gesucht und entwickelt, um die Fehlerquote so niedrig wie möglich zu halten.[45, 46]

International werden Fehler noch weiter unterteilt in „preventable adverse event", „adverse event", „critical incident", „error" und „near miss". Ursächlich für ein unerwünschtes Ereignis („adverse event") ist dabei nicht die Erkrankung, sondern die medizinische Behandlung. Zu einem vermeidbaren unerwünschten Ereignis („preventable adverse event") zählt zum Beispiel die Gabe von Penicillin, woraufhin der Patient eine allergische Reaktion erleidet. Eine Allergie auf dieses Arzneimittel sei vorab bekannt und dokumentiert gewesen. Wäre die Allergie vorher nicht übermittelt worden, würde es sich um ein unvermeidbares unerwünschtes Ereignis handeln.[47] Ein kritisches Ereignis („critical incident") ist ein Vorkommnis, welches sich zu einem unerwünschten Ereignis entwickeln, oder aber die Wahrscheinlichkeit, dass ein solches Ereignis eintritt, erhöhen kann.[48] Der Begriff „error" ist mit dem deutschen Terminus „Fehler" gleichzusetzen, gemeint ist eine Handlung ohne Plan, mit einem fehlerhaften Plan oder mit einer Abweichung vom ursprünglichen Plan.[49] Als letzte Unterart ist der Beinaheschaden zu nennen, der sogenannte „near miss". Dabei handelt es sich um einen Fehler, bei dem kein unerwünschtes Ereignis eingetreten ist, es aber zu einem Schaden hätte kommen können. Es kann allerdings auch zu einem Schaden gekommen sein, der aber unentdeckt geblieben ist.[50]

2.2.1.4 Risiko – Fehlerkultur

Eine Fehlerkultur ist Part eines jeden sozialen Systems, beziehungsweise entwickelt sie sich aus einer bereits bestehenden Kultur. In ihr ist die Art und Weise verankert, wie mit Fehlern umgegangen und wie auf Fehler reagiert wird und diese bewertet werden. Dieser Umgang erfolgt vorwiegend unterbewusst.

Der Fehlerbegriff ist überwiegend negativ geprägt, in Verbindung mit Fehlern wird auch stets nach einem Schuldigen gesucht, der die Verantwortung dafür tragen muss. Es gibt im Wesentlichen zwei Ansätze im Umgang mit Fehlern, welche nachfolgend dargestellt werden (siehe Abb. 2.3).

---

[43] Vgl. Merkle (2014), S. 10.

[44] Vgl. Kahla-Witzsch (2011), S. 214.

[45] Vgl. Merkle (2014), S. 10.

[46] Vgl. Kahla-Witzsch (2011), S. 214.

[47] Vgl. World Health Organization (2009), S. 106.

[48] Vgl. World Health Organization (2009), S. 111.

[49] Vgl. World Health Organization (2009), S. 115.

[50] Vgl. World Health Organization (2009), S. 130.

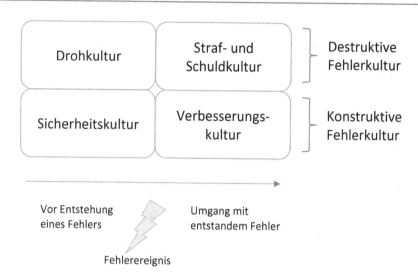

Abb. 2.3 Matrix unterschiedlicher Fehlerkulturausprägungen (eigene Darstellung in Anlehnung an Löber 2012)

Die Drohkultur sowie die Sicherheitskultur beschreiben die Einstellung zu Fehlern unabhängig davon, ob tatsächlich ein Fehler vorliegt. Die Straf- und Schuldkultur stellt den destruktiven Umgang mit einem vorliegenden Fehler dar und die Verbesserungskultur den konstruktiven Umgang mit einem entstandenen Fehler.[51]

Bei der Drohkultur, der ersten Form der destruktiven Fehlerkultur, wird versucht, durch das Aussprechen von Drohungen das Auftreten von Fehlern zu verhindern. Von einer Drohung kann gesprochen werden, wenn folgendes Szenario vorliegt: Person B droht Person A etwas Nachteiliges an, sollte Person A etwas tun, das für Person B schädlich wäre.[52] Eine ausgesprochene Drohung hat demnach das Ziel, eine Person dazu zu bewegen, etwas Bestimmtes zu tun oder zu unterlassen. Im Krankenhaus werden sie hauptsächlich ausgesprochen, um Mitarbeiter dazu zu bewegen, keine Fehler bei ihrer Arbeit zu machen.[53] Ist ein Fehler bereits entstanden, wird der Schuldige durch Sanktionen bestraft, es wird eine Straf- und Schuldkultur betrieben.[54] Laut Paula wird dieser Umgang mit Fehlern, die sogenannte „culture of blame", noch in vielen Krankenhäusern praktiziert.[55]

Wesentliche Merkmale dieser Kultur sind:[56]

---

[51]Vgl. Löber (2012), S. 232.
[52]Vgl. Milburn und Watman (1981), S. 8.
[53]Vgl. Löber (2012), S. 235.
[54]Vgl. Löber (2011), S. 241.
[55]Vgl. Paula (2017), S. 83
[56]Vgl. Löber (2012), S. 233 ff.

- Überwiegen von negativen Emotionen
- Kaum vorhandene Fehlerkommunikation
- Fehlendes oder kaum vorhandenes Ansprechen des Aspektes: „Aus Fehlern lernen"
- Geringe Wertschätzung der Mitarbeiter
- Niedriges oder nicht vorhandenes Gerechtigkeitsempfinden
- Niedrige beziehungsweise nicht vorhandene Vertrauensbasis

Die konstruktive Fehlerkultur, welche auch als positive Fehlerkultur bezeichnet wird, beinhaltet die Sicherheits- und Verbesserungskultur. Bei der Sicherheitskultur wird versucht, das Eintreten von Fehlern von vornherein durch den Einsatz eines Risikomanagements zu vermeiden und so die Patientensicherheit zu gewährleisten. Sicherheit wird dabei als ein „dynamisches Nicht-Ereignis"[57] verstanden, in Bezug auf Patienten wäre es beispielsweise das Ausbleiben von Unfällen oder das Nicht-Auftreten von unerwünschten Ereignissen. Grundsätzlich wird jedoch die Fehlbarkeit der Menschen als gegeben angesehen und Fehler werden als Chance aufgefasst, um aus ihnen zu lernen.[58]

Dem Ziel der absoluten Sicherheit im Krankenhaus oder anderen Gesundheitseinrichtungen sind durch die Fehlbarkeit der Menschen, dem möglichen Scheitern von Sicherheitssystemen, dem hohen Koordinationsbedarf und der Vielzahl von vorhandenen Teilprozessen innerhalb des Behandlungsprozesses[59] jedoch Grenzen gesetzt. Diese Grenzen werden in der Sicherheitskultur aufgegriffen und die Unerlässlichkeit aus Fehlern zu lernen ausführlich beschrieben, ein konstruktiver Umgang mit entstandenen Fehlern wird hingegen nur untergeordnet thematisiert.[60]

Der Ansatz der Verbesserungskultur beschäftigt sich dagegen detailliert mit den Fehlerursachen, um darauf aufbauend Verbesserungsmaßnahmen zu generieren und Fehlerrisiken zu minimieren. Bei der Untersuchung der Fehlerentstehung wird nicht allein auf den Fehlerverursacher geschaut, sondern das gesamte betroffene Umfeld analysiert. Dazu zählen zum Beispiel die Mitarbeiter, die Abteilungen und die dazugehörigen Krankenhausprozesse. Basis der Verbesserungskultur ist ein ständiges Hinterfragen bestehender Prozesse und eine Lernbereitschaft im Umgang mit Fehlern. Durch den Einsatz von positiven Emotionen sowie dem Vorherrschen einer starken Vertrauensbasis wird versucht den Betroffenen die Angst zu nehmen, einen Fehler zu gestehen. Eine positive Reaktion auf einen gestandenen Fehler kann die Kompetenzen der Mitarbeiter stärken und mehr Sicherheit im Leistungserstellungsprozess gewährleisten.[61]

Wesentliche Merkmale der konstruktiven Fehlerkultur sind:[62]

---

[57] Reason (1997), S. 37.

[58] Vgl. Löber (2012), S. 245 f.

[59] Vgl. Haubrock (2008), S. 150.

[60] Vgl. Löber (2012), S. 250

[61] Vgl. Löber (2012), S. 251 f.

[62] Vgl. Löber (2012), S. 251

- Anerkennung der fehlerbezogenen, emotionalen Belastung
- Förderung einer positiven Fehleremotionalität
- Zentrale Strategie: „Aus Fehlern lernen"
- Flexible Arbeitsstrukturen
- Offene Fehlerkommunikation
- Ausgeprägte Sicherheitskommunikation
- Wertschätzender Umgang mit den Mitarbeitern
- Hohes Gerechtigkeitsempfinden
- Hohe Vertrauensbasis

Die dargestellten Ausprägungsformen der Fehlerkultur unterscheiden sich sehr stark in ihren Merkmalen. In der Theorie kann ein Krankenhaus jede Form der Fehlerkultur leben, vom Ansatz aus Fehlern zu lernen bis hin zum Null-Fehler-Ansatz. Es ist darüber hinaus auch möglich, dass innerhalb eines Krankenhauses verschiedene, auch konträre Ausprägungen auftreten. Dies kann von Abteilung, Operateur, Chefarzt oder anderen Faktoren abhängen.[63]

2.2.1.5 Risiko – Begriffsbestimmung Schaden

Eine Erläuterung des Begriffes „Schaden" ist erforderlich, da das Risikomanagement zum Ziel hat, Risiken zu minimieren und so Schäden zu vermeiden.[64] In den 1980er Jahren wurde in enger Zusammenarbeit von Recht und Technik folgende Definition verfasst: „Schaden = Nachteil durch Verletzung von Rechtsgütern aufgrund eines technischen Vorgangs oder Zustands."[65]

Nach Schmola (2016) ist ein Schaden „jeder materielle oder immaterielle Nachteil, den eine Person oder Sache durch ein Ereignis erleidet."[66] Schäden können untergliedert werden in Personenschäden, Sachschäden und Umweltschäden. Wobei Personenschäden im klinischen Risikomanagement von besonderer Bedeutung sind. Infolge von Fehlern können unerwünschte Ereignisse auftreten, die entweder vermeidbar oder unvermeidbar gewesen wären. Sachschäden und Umweltschäden sind hauptsächlich im betriebswirtschaftlichen Risikomanagement relevant.[67]

Schmitt und Pfeifer (2010) definieren den Begriff „Schaden" als „jede Beeinträchtigung eines Interesses (insbesondere Einbuße an einem „Lebensgut", wie zum Beispiel Gesundheit oder Eigentum); dabei ist es unerheblich, ob ein vermögenswertes oder ein rein ideelles Interesse beeinträchtigt wurde."[68] Im Gesundheitswesen sind vor allem die Nichtvermögensschäden von Bedeutung, da sie jeden Nachteil beschreiben, der an einem

---

[63] Vgl. Löber (2012), S. 229 f.
[64] Vgl. Schmola (2016), S. 290.
[65] Geiger und Kotte (2008), S. 124.
[66] Vgl. Schmola (2016), S. 299.
[67] Vgl. Schmola (2016), S. 299.
[68] Schmitt und Pfeifer (2010), S. 387.

immateriellen Rechtsgut entsteht. Zu den immateriellen Rechtsgütern zählen unter anderem das Leben, die Gesundheit, die Freiheit und die Ehre. In einigen Fällen können auch beide Schadensarten gemeinsam auftreten, wenn beispielsweise ein Verdienstausfall auftritt oder Heilungskosten getragen werden müssen.[69]

2.2.2   Risikomanagement

2.2.2.1 Spannweite des Begriffes Risikomanagement

Der Terminus „Risikomanagement" setzt sich aus den beiden Begriffen „Risiko" und „Management" zusammen. Eine Erläuterung des Risikobegriffs erfolgte bereits in Abschn. 2.2.1.1, die Bedeutung des Wortes „Management" wird im Folgenden kurz dargestellt. Management ist ein Anglizismus, der ursprünglich aus dem Lateinischen kommt; er setzt sich aus den Begriffen „manum agere" zusammen und bedeutet „an der Hand führen". Aus funktionaler Sicht bezeichnet Management die Tätigkeit der Unternehmensführung. Aus der institutionellen Perspektive ist die Gruppe an Menschen gemeint, die in leitender Position in einem Unternehmen tätig sind. Management als Funktion beinhaltet das Festlegen von Zielen für ein Unternehmen, die Strategieentwicklung, um die festgelegten Ziele zu erreichen und darüber hinaus die „Organisation und Koordination der Produktionsfaktoren und die Führung der Mitarbeiter."[70]

Risikomanagement beinhaltet demnach den Umgang mit Risiken in einem Unternehmen, damit dieses nahezu störungs- und schadenfrei agieren kann. Dazu müssen Risiken so früh wie möglich erkannt, analysiert, bewertet und gesteuert werden und anschließend überwacht werden. Dabei handelt es sich um einen fortlaufenden Prozess, den Risikomanagementprozess (siehe Abb. 2.4).[71]

In Tab. 2.2 werden die herangezogenen Definitionen der Literatur zum Begriff „Risikomanagement" in alphabetischer Reihenfolge dargestellt.

Diederichs (2017) greift in seiner Begriffsbestimmung viele wesentliche Aspekte des Begriffes „Risikomanagement" auf, die ebenfalls von anderen Autoren verwendet wurden. Damit schafft er eine umfassend treffende Definition. Aus diesem Grund wird der Begriff „Risiko" in dieser Arbeit im Sinne von Diederichs verstanden.

2.2.2.2 Arten des Risikomanagements

In der Praxis und in der Literatur werden zwei Risikomanagementphilosophien unterschieden: Das reaktive Risikomanagement und das proaktive Risikomanagement. Bei dem reaktiven Ansatz werden bereits mehrfach aufgetretene unerwünschte Ereignisse oder auch mögliche Sicherheitslücken analysiert und die Ursachen dafür identifiziert. Im

---

[69]Vgl. Schmitt und Pfeifer (2010), S. 388.

[70]Vgl. Gabler (2018), o. S.

[71]Vgl. Schmola (2016), S. 303 ff.

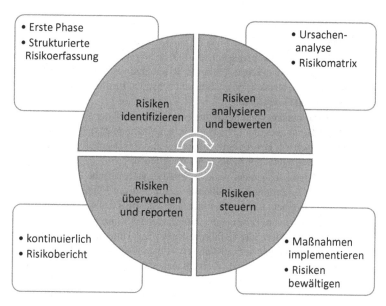

Abb. 2.4 Risikomanagementprozess (eigene Darstellung in Anlehnung an Euteneier 2015)

Anschluss daran werden entsprechende Maßnahmen entwickelt.[72] Die Maßnahmen sollen dafür sorgen, dass die negativen Auswirkungen eines eingetroffenen Risikos so gering wie möglich ausfallen, der Schaden schnell behoben und das Risiko beseitigt wird.[73] Die laufenden Kosten dieses Risikomanagementansatzes sind gering, wohingegen sich die Kosten im Schadensfall schnell aufsummieren können.[74] Das reaktive Risikomanagement wurde vor allem in den Anfängen des Risikomanagements praktiziert.[75]

Bei dem proaktiven Risikomanagement werden Risikosituationen durch vorausschauendes Verhalten vor dem Risikoeintritt erkannt und bewertet und geeignete Maßnahmen getroffen. Das hat zur Folge, dass Risiken gar nicht eintreten, die Wahrscheinlichkeit eines Eintritts reduziert wird und/oder mögliche Schäden so gering wie möglich gehalten werden.[76] Die Implementierung der Maßnahmen können die Kosten im Risiko-Eintrittsfall erheblich minimieren.[77] Der Einsatz eines proaktiven Risikomanagements ist in vielen Fällen vorteilhaft, da präventive Maßnahmen dazu beitragen, die Wahrscheinlichkeit eines Risikoeintritts zu reduzieren.

---

[72] Vgl. Euteneier (2015), S. 258 f.

[73] Vgl. Eren und Schindler (2011), S. 290.

[74] Vgl. Schuh (2014), S. 271.

[75] Vgl. Romeike (2003), S. 65.

[76] Vgl. Huth und Romeike (2016), S. 42 ff.

[77] Vgl. Schuh (2014), S. 271.

Tab. 2.2 Auflistung der Definitionen zum Thema „Risikomanagement" (eigene Darstellung)

Autor	Definition
Brockhaus (1998)	„Risikopolitik, Risikomanagement, Risk-Management, Gesamtheit der Maßnahmen zur Beurteilung und Verbesserung der Risikolage von Unternehmen, privaten Haushalten, Gebietskörperschaften und sonstigen Institutionen, aber auch von Personen und Gesellschaften."[1]
Diederichs (2017)	„Das Risikomanagement als immanenter Bestandteil der Unternehmensführung stellt die Gesamtheit der organisatorischen Maßnahmen und Prozesse dar, die auf die Identifikation, Beurteilung, Steuerung und Überwachung von Risiken abzielen und eine Gestaltung der Risikolage ermöglichen."[2]
Fröse (2014)	„Unter Risikomanagement versteht man die systematische Erfassung, Bewertung und Steuerung der unterschiedlichsten Risiken in der Pflegeeinrichtung. Risikomanagement und Qualitätsmanagement ergänzen sich gegenseitig."[3]
Gausmann (2007)	„Risikomanagement bezeichnet ein umfassendes Konzept zum systematischen Umgang mit Fehlern und Gefahren, denen jedes Unternehmen, abhängig von der Art und des Umfangs der Leistungserstellung, ausgesetzt ist. Im logischen Problemlösungs-prozess des Risikomanagements geht es darum, die unternehmens-spezifischen Gefährdungspotenziale zu identifizieren, zu bewerten, zu verändern, zu beseitigen oder zu versichern. Die hierzu ausgewählten Präventionsmaßnahmen sind kontinuierlich im Hinblick auf die definierte Zielerreichung zu überprüfen."[4]
Gleißner (2011)	„Risikomanagement ist das systematische Denken und Handeln im Umgang mit Risiken."[5]
Hart (2007)	„Risikomanagement ist eine Methode der vorbeugenden Risikoverminderung und Risikovermeidung. [...] Fehlererkennung ist die Voraussetzung für Fehlerabschätzung, Fehlerbewertung und Fehlervermeidung. [...] Risikomanagement zielt auf die Steigerung von Patientensicherheit durch Organisation."[6]
Reichling et al. (2007)	„Risikomanagement stellt die bewusste Auseinandersetzung mit Risiken in denjenigen Bereichen dar, in denen ein Unternehmen Chancen realisieren kann, und das Reduzieren von Risiken in denjenigen Bereichen, in denen der erwartete Nutzen aus den zusätzlichen Ertragsaussichten das Risiko nicht kompensiert."[7]
Romeike (2004)	„Risk Management: Potenzielle Risiken, die die Vermögens-, Finanz- und Ertragslage eines Unternehmens mittel- und langfristig gefährden könnten, werden zunächst mit Hilfe des proaktiven Risk Managements identifiziert, analysiert und bewertet. Das Ziel besteht in der Sicherung des Fortbestandes eines Unternehmens, der Absicherung der Unternehmensziele gegen störende Ereignisse und in der Steigerung des Unternehmenswertes."[8]
Wolke (2016)	„Unter Risikomanagement wird die Messung und Steuerung aller betriebswirtschaftlichen Risiken unternehmensweit verstanden."[9]

[1]Brockhaus (1998), S. 417
[2]Diederichs (2017), S. 13
[3]Fröse (2014), S. 79
[4]Gausmann (2007), S. 201
[5]Gleißner (2011), S. 11
[6]Hart (2007), S. 275
[7]Reichling et al. (2007), S. 209
[8]Romeike (2004), S. 119
[9]Wolke (2016): S.1

2.2.2.3 Formen des Risikomanagements

Das Krankenhaus unterliegt einer Vielzahl von speziellen Risiken: Risiken im Personal, im Daten- und Arbeitsschutz, im Finanzbereich, im Technikbereich und vielen weiteren. Für eine effiziente Bearbeitung der Risiken haben sich im Krankenhaus das betriebswirtschaftliche und das klinische Risikomanagement entwickelt.

„Das betriebswirtschaftliche Risikomanagement beschäftigt sich mit allen ökonomischen Risiken, denen Krankenhäusern ausgesetzt sind, insbesondere soll bestandsgefährdenden Entwicklungen damit entgegengewirkt werden."[78] Ein wesentlicher Aspekt des betriebswirtschaftlichen Risikomanagements ist die Beachtung von Risikofaktoren in den Planungs-, Steuerungs- und Kontrolltätigkeiten auf den Führungsebenen. Zu den Risiken, die in Krankenhäusern beziehungsweise in Gesundheitseinrichtungen auftreten können, zählen vor allem Risiken des administrativen Bereichs. Wesentliche ökonomische Risiken sind nicht getätigte Investitionen, Insolvenzrisiken, Finanzierungsprobleme, Wettbewerber und Gesetzesänderungen. Im besten Fall kann ein Aufzeigen der Risikopotenziale in den Führungsprozessen dazu führen, dass sich eine risikobewusste Unternehmensführung und -kultur bildet.[79]

Das klinische Risikomanagement befasst sich mit Risiken, die innerhalb des medizinischen Leistungserbringungsprozesses entstehen, und ist Teil eines umfassenden Risikomanagements. Aufgabe des klinischen Risikomanagements ist es, die Risiken, die bei der Versorgung der Patienten im Krankenhaus entstehen, zu minimieren. Die anfallenden Risiken innerhalb der Leistungserbringung von Ärzten, Pflegekräften oder Therapeuten können durch viele Faktoren beeinflusst werden, zum Beispiel durch die Mindestfallzahlen, die Medikamentenvergabe, die Betriebsgröße oder die Personalausstattung und -qualifikation.[80]

Das klinische Risikomanagement untersucht Strukturen, Prozesse und Ergebnisse anhand von Schadensfällen, Beinaheschäden und entstandenen Fehlern und entwickelt darauf aufbauend Verbesserungsmaßnahmen. Ziel ist es, aus den entstandenen Fehlern oder Beinahefehlern zu lernen und ein erneutes Auftreten zu verhindern.[81] Ein weiteres Ziel ist neben einer stetigen Verbesserung der medizinischen Versorgung „auch die Abwehr potenzieller Patientenansprüche, die sich aus fehlerhaftem Verhalten der Mitarbeiter"[82] eines Krankenhauses ergeben können. In einem Artikel von Peter Gausmann und Franz Michael Petry aus dem Jahr 2004 wird das Ziel des klinischen Risikomanagements wie folgt beschrieben: „Dem Patienten sollen fehlerhafte Behandlungen und zum Teil schwere Gesundheitsschäden erspart werden. Ärzteschaft und Pflegedienst sollen in ihrem Ruf nicht geschädigt werden und dem Krankenhaus sollen wirtschaftlich schwierige Situationen erspart werden."[83]

---

[78] Schmola (2016), S. 291.

[79] Vgl. Haubrock (2018), S. 576.

[80] Vgl. Haubrock (2018), S. 577.

[81] Vgl. Kahla-Witzsch (2011), S. 212.

[82] Haubrock (2018), S. 577.

[83] Vgl. Gausmann und Petry (2004), S. 589.

2.2.2.4 Modelle des Risikomanagements

Heinrichs Gesetz

Die Beschäftigung mit Fehlern und deren Eintrittswahrscheinlichkeiten ist von großer Bedeutung, dies verdeutlichte der Ingenieur Herbert William Heinrich in seinen Aufzeichnungen. Seine bekannteste Erhebung aus dem Jahre 1941 wurde unter dem Namen „Heinrichs Gesetz" weltweit bekannt. Demnach entstehen katastrophale Ereignisse nicht ohne Vorwarnung oder durch das Schicksal bedingt, zumeist gehen ihnen mehrere kleine Fehler oder Missgeschicke voraus.[84] Eine Untersuchung Heinrichs zeigte, dass bei 3846 Patienten 300 kleinere und unauffällige Fehler auftraten, sich 29 Patienten Schäden mit leichten bis mittelschweren Folgen zuzogen und einer der 3846 Patienten einen Schaden mit verheerendem Ausgang erlitt. Somit besteht ein direkter Zusammenhang zwischen der Häufigkeit von kleinen und großen Fehlern. Der Fokus sollte demnach auf der Vermeidung leichter Fehler liegen, um so gravierendere zu verhindern.[85, 86]

Eisbergmodell

Ebenso wie Heinrichs Gesetz verdeutlicht das Eisbergmodell den Zusammenhang von leichten und schweren Fehlern. Das Modell (siehe Abb. 2.5) zeigt einen Eisberg, bei dem sich der Großteil des Eises unterhalb der Wasseroberfläche befindet und damit nicht sichtbar ist, nur ein geringer Teil ragt aus dem Wasser. Übertragen auf das Gesundheitswesen

Abb. 2.5: Heinrichs Gesetz und Eisbergmodell (eigene Darstellung, modifiziert nach Schmola 2016)

---

[84] Vgl. Pietrowski et al. (2007), S. 6.

[85] Vgl. Schmola (2016), S. 295.

[86] Vgl. Peitrowski et al. (2007), S. 6

soll dies bedeuten, dass ein Großteil der Fehler oder Störungen unentdeckt und ohne Folgen bleibt, nur ein kleiner Anteil, wenn beispielsweise Komplikationen auftreten, wird sichtbar und erregt Aufmerksamkeit. Die Fehler und kritischen Ereignisse, die nicht entdeckt werden, können ein großes Risiko darstellen, da sich das Ausmaß der Folgen nicht abschätzen lässt. An dieser Stelle setzt das Risikomanagement an.[87, 88]

Schweizer-Käse-Modell
Ein weiteres Modell des Risikomanagements ist das von James Reason entwickelte Schweizer-Käse-Modell („swiss-cheese-model of system accidents"). In dem Schweizer-Käse-Modell (siehe Abb. 2.6) stellen die hintereinander liegenden Käsescheiben die Sicherheitsbarrieren dar, welche in Unternehmen auf allen Ebenen vorhanden sind.[89] Diese Barrieren sollen dafür sorgen, dass geringe Risiken und latente Fehler nicht zu einem unerwünschten Ereignis führen. Die Löcher im Käse sind ein Symbol für die Fehlbarkeit von Sicherheits- und Schutzmaßnahmen in einem Sicherheitssystem. Sie entstehen durch psychologische Vorläufer (zum Beispiel Probleme im persönlichen Umfeld eines Mitarbeiters), latentes Versagen, aktives Versagen (siehe Abschn. 2.3.1) oder durch lokale Aus-

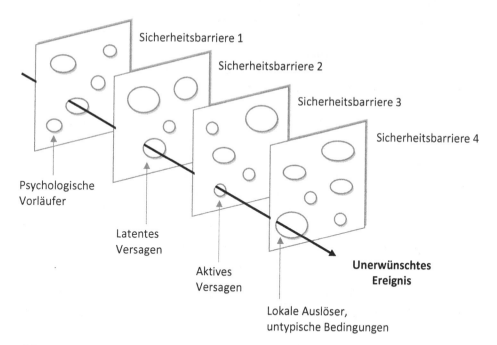

Abb. 2.6 Schweizer-Käse-Modell (eigene Darstellung in Anlehnung an Schmola 2016)

---

[87] Vgl. Schmola (2016), S. 295f.
[88] Vgl. Middendorf (2006), S. 84
[89] Vgl. Paula (2017), S. 59

löser oder untypische Bedingungen (zum Beispiel eine Naturkatastrophe). Bei einer ungünstigen Verkettung mehrerer Sicherheitslücken kann sich ein unerwünschtes Ereignis entwickeln.[90] James Reason stellte die These auf, dass eine Kombination von aktiven Fehlern und Systemfehlern ein unerwünschtes Ereignis zur Folge hätte.[91] In einem solchen Fall würden die Käselöcher des Modells auf einer Linie liegen und es entstünde auf diese Weise eine „‚trajectory of opportunity' through these multiple defences",[92] so Reason.

2.2.3   Rechtliche Rahmenbedingungen im Risikomanagement

2.2.3.1 Gesetz zur Kontrolle und Transparenz im Unternehmensbereich (KonTraG)

Eine negative Unternehmensentwicklung vieler deutscher Unternehmen veranlasste den Gesetzgeber dazu, sich mit dem Thema Risikomanagement zu beschäftigen. Dies führte dazu, dass der Deutsche Bundestag am 05. März 1998 das Gesetz zur Kontrolle und Transparenz im Unternehmensbereich (KonTraG) verabschiedete, welches am 01. Mai 1998 in Kraft trat. Dieses Rahmengesetz betraf verschiedene Gesetze, vorrangig wurden jedoch Artikel des Aktiengesetzes (AktG) und des Handelsgesetzbuches (HGB) geändert.[93]

Paragraph 91 Abs. 2 des Aktiengesetzes verpflichtet den Vorstand dazu, „geeignete Maßnahmen zu treffen, insbesondere ein Frühwarnsystem einzurichten, damit den Fortbestand der Gesellschaft gefährdende Entwicklungen früh erkannt werden."[94] Daraus ergibt sich, dass Organisationen und Krankenhäuser, welche dem Aktiengesetz unterliegen, die Verpflichtung zur Führung eines Risikomanagements sowie eines Früherkennungssystems haben. Ein solches Früherkennungssystem, mit dem gefährdende Entwicklungen aufgedeckt werden können, stellt das CIRS dar.

Die Vorgaben aus § 91 Abs. 2 sind für Gesellschaften mit einer anderen Rechtsform nicht verbindlich vorgeschrieben, es besteht aber eine Ausstrahlungswirkung vor allem auf die Gesellschaft mit beschränkter Haftung (GmbH), die der Gesetzgeber wie folgt begründet: „In das GmbHG soll keine entsprechende Regelung aufgenommen werden. Es ist davon auszugehen, daß für Gesellschaften mit beschränkter Haftung je nach ihrer Größe, Komplexität ihrer Struktur usw. nichts anderes gilt und die Neuregelung Ausstrahlungswirkung auf den Pflichtenrahmen der Geschäftsführer auch anderer Gesellschaftsformen hat."[95]

Bezüglich der Führung eines Risikomanagements wurden im Rahmen des KonTraGs auch wesentliche Paragraphen im Handelsgesetzbuch verändert. So sollen laut § 289

---

[90] Vgl. Schmola (2016), S. 296f.

[91] Vgl. Reason (2000), S. 768f.

[92] Reason (1990), S. 481.

[93] Vgl. Meyding und Mörsdorf (1999), S. 5.

[94] § 91 Abs. 2 AktG

[95] BT-Drucksache 13/9712 (1998), S. 15.

Abs. 1 Satz 4 HGB im Lagebericht die Chancen und Risiken sowie die voraussichtliche Entwicklung des Unternehmens beurteilt und erläutert werden.[96] In der Jahresabschlussprüfung eines Unternehmens wird die Erfüllung der Vorschriften im Hinblick auf ein Risikomanagement verifiziert. Dabei wird beurteilt, „ob der Vorstand die ihm nach § 91 Abs. 2 des Aktiengesetzes obliegenden Maßnahmen in einer geeigneten Form getroffen hat und ob das danach einzurichtende Überwachungssystem seine Aufgaben erfüllen kann."[97]

2.2.3.2 Gesetz zur Verbesserung der Rechte von Patientinnen und Patienten

Am 26. Februar 2013 trat das Gesetz zur Verbesserung der Rechte von Patientinnen und Patienten (kurz: Patientenrechtegesetz) in Kraft und verfolgt das Ziel, die Sicherheit und den Schutz von Patienten zu erhöhen. Das Gesetz enthält fünf Artikel und behandelt Themen wie die Informations- und Aufklärungspflicht des Arztes, die Dokumentation der Behandlung und die Einsichtnahme in die Patientenakte. Darüber hinaus wirkt es sich auch auf die Ausgestaltung des klinischen Risikomanagements aus, worauf im folgenden Abschnitt näher eingegangen wird.[98]

Gemäß § 136a Abs. 3 SGB V bestimmt der Gemeinsame Bundesausschuss „in seinen Richtlinien über die grundsätzlichen Anforderungen an ein einrichtungsinternes Qualitätsmanagement [...] wesentliche Maßnahmen zur Verbesserung der Patientensicherheit und legt insbesondere Mindeststandards für Risikomanagement- und Fehlermeldesysteme fest."[99] Diese Anforderungen wurden in der „Bestimmung von Anforderungen an einrichtungsübergreifende Fehlermeldesysteme (üFMS-B)" vom 17. März 2016 festgehalten und gelten als Grundlage für die Vereinbarung von Vergütungszuschlägen nach § 17b Abs. 1a Nummer 4 des Krankenhausfinanzierungsgesetzes.[100]

Die zu erfüllenden Anforderungen lauten:

- Das einrichtungsübergreifende Fehlermeldesystem (üFMS) „ist für alle Einrichtungen offen und über das Internet frei zugänglich."[101]
- Das üFMS „nimmt Meldungen zu kritischen und unerwünschten Ereignissen sowie Fehlern, Beinahe-Schäden und sonstigen Risiken möglichst mit schon abgeleiteten Empfehlungen zu deren Vermeidung entgegen. Nicht zulässig ist die Übermittlung und Verarbeitung personenbezogener Daten von Patientinnen und Patienten. Es ist eine vertrauliche Bearbeitung aller Daten sowie eine sichere Übertragung und Speicherung der

---

[96] Vgl. § 289 Abs. 1 Satz 4 HGB.

[97] § 317 Abs. 4 HGB.

[98] Vgl. Krüger-Brand (2012), S. 1 f.

[99] § 136 Abs. 3 Satz 1 SGB V.

[100] Vgl. G-BA (2016): § 1 Abs. 2 üFMS-B.

[101] G-BA (2016): § 3 üFMS-B.

Daten zu gewährleisten. Jegliche Möglichkeit zur Rückverfolgung der meldenden Einrichtungen von veröffentlichten Fällen ist auszuschließen."[102]

- Ein strukturiertes Meldeformular zur Eingabe einer Schadensmeldung ist hinterlegt und Meldungen werden themenbezogen kategorisiert und nach Relevanz priorisiert.[103]
- Zu den Aufgaben der Experten, deren Namen bekannt gegeben werden müssen, zählt die Auswertung der Meldungen, die Ursachenanalyse und die Herleitung von Präventionsmaßnahmen.[104]
- Die Möglichkeit, einen Kommentar zu verfassen, sollte allen gegeben sein.[105]
- „Die bearbeiteten Meldungen werden als Fallbericht zeitnah in eine öffentlich zugängliche Falldatenbank eingestellt und können dort […] frei zugänglich gelesen werden."[106]
- Einmal jährlich werden eine Konformitätserklärung sowie eine Teilnahmebestätigung von dem verantwortlichen Betreiber des üFMS ausgestellt.[107]
- Die Teilnahme einer Einrichtung an einem üFMS ist „im strukturierten Qualitätsbericht der Krankenhäuser unter Nennung des konkreten üFMS zu veröffentlichen."[108]

Erfolgt der Nachweis über die Erfüllung der genannten Bedingungen, kann ein Krankenhaus hierfür Vergütungszuschläge beanspruchen. Über die Höhe dieser bundeseinheitlichen Zuschläge verhandeln der Spitzenverband der gesetzlichen Krankenkassen, der Verband der privaten Krankenversicherung und die Deutsche Krankenhausgesellschaft. Der „Zuschlag für die Beteiligung an üFM-Systemen nach § 1 beträgt 0,20 Euro je abgerechnetem vollstationären Fall des Krankenhauses ab dem 01.01.2017."[109]

Der Gesetzgeber verfolgt mit den Vergütungszuschlägen das Ziel, dass durch die Nutzung einrichtungsübergreifender Fehlermeldesysteme viele Akteure von dem vergrößerten Wissenspool profitieren und auf diese Weise die Patientensicherheit steigt. Durch die Zahlung der Zuschläge honoriert der Gesetzgeber den zusätzlichen Aufwand und das Engagement der Kliniken. Die geleisteten Anstrengungen sollen dadurch jedoch nicht refinanziert werden.[110] In der Gesetzesbegründung heißt es: „Die neuen Vergütungszuschläge sollen einen Teil der durch die Beteiligung an qualifizierten einrichtungsübergreifenden Fehlermeldesystemen zusätzlich entstehenden Kosten abdecken und damit einen Anreiz für Krankenhäuser bieten, sich über das einrichtungsinterne Fehlermanagement hinaus, an einrichtungsübergreifenden Fehlermelde-systemen zu beteiligen."[111] Laut § 6 der üFMS-B

---

[102] G-BA (2016): § 3 üFMS-B.

[103] Vgl. G-BA (2016): § 3 üFMS-B.

[104] Vgl. G-BA (2016): § 3 üFMS-B.

[105] Vgl. G-BA (2016): § 3 üFMS-B.

[106] G-BA (2016): § 3 üFMS-B.

[107] Vgl. G-BA (2016): § 4 üFMS-B.

[108] G-BA (2016): § 5 üFMS-B.

[109] GKV-Spitzenverband (2017), o. S.

[110] Vgl. BR-Drucksache 312/12 (2012), S. 52.

[111] BR-Drucksache 312/12 (2012), S. 52.

wird der Gemeinsame Bundesausschuss die Ergebnisse der Bestimmung drei Jahre nach In-Kraft-Treten evaluieren. Ziel der Evaluation ist es, festzustellen, wie viele Fehlermeldesysteme existieren, welche die Vorgaben erfüllen, wie viele Krankenhäuser teilnehmen und, ob die angestrebten Ziele erreicht wurden.[112]

Eine weitere Ergänzung des Gesetzes zur Verbesserung der Rechte von Patientinnen und Patienten findet sich in § 135a Abs. 3 SGB V. Dieser Abschnitt besagt, dass „Meldungen und Daten aus einrichtungsinternen und einrichtungsübergreifenden Risikomanagement- und Fehlermelde-systemen nach Abs. 2 in Verbindung mit § 136a Abs. 3 […] im Rechtsverkehr nicht zum Nachteil des Meldenden verwendet werden [dürfen]. Dies gilt nicht, soweit die Verwendung zur Verfolgung einer Straftat, die im Höchstmaß mit mehr als fünf Jahren Freiheitsstrafe bedroht ist und auch im Einzelfall besonders schwer wiegt, erforderlich ist und die Erforschung des Sachverhalts oder die Ermittlung des Aufenthaltsorts des Beschuldigten auf andere Weise aussichtslos oder wesentlich erschwert wäre."[113] Minder schwere Körperverletzung wird nach § 224 Abs. 1 StGB hingegen mit Freiheitsstrafen von drei Monaten bis zu fünf Jahren bestraft.[114] Daraus kann geschlussfolgert werden, dass die Eingabe eines kritischen Ereignisses beziehungsweise eines Fehlers zumeist ohne strafrechtliche Folgen bleibt.

2.3   Praktische Untersuchung

2.3.1   Beschreibung des Vorgehens

Zunächst wurde eine systematische Literaturrecherche durchgeführt, um relevante und spezifische Informationen zur Forschungsfrage zu erlangen. Verwendet wurden dazu öffentliche Datenbanken, Fachbücher, Fachzeitschriften sowie das Internet.

Die Studienrecherche wurde mittels der Datenbankprovider PubMed und Cinahl durchgeführt. Kriterien für den Einschluss von fachspezifischer Literatur waren zunächst der Titel und das Lesen des Abstracts, die Aktualität des Artikels sowie der Kontext zur Forschungsfrage.

Um eine systematische Suche durchzuführen, wurden Suchbegriffe in englischer und in deutscher Sprache verwendet und diese sinnvoll mit den Boolschen Operatoren „AND", „OR" und „NOT" verknüpft. Dafür wurden folgende Begriffe mithilfe der MESH Funktion und gegebenenfalls Trunkierungen verwendet: „risk", „riskmanagement", „cirs", „critical incident", „critical incident reporting system", „global trigger tool", „krankenhaus", „fehlermanagement", „fehler", „error", „fehlerreduktion", „risikoreduktion", „error culture", „quality improvement", „health care system". Aufgrund der Tatsache, dass zwei ursprünglich amerikanische Systeme miteinander verglichen werden, wurde sowohl

---

[112] Vgl. G-BA (2016): § 6 üFMS-B.

[113] § 135a Abs. 3 SGB V.

[114] § 224 Abs. 1 StGB.

deutschsprachige als auch englischsprachige Literatur herangezogen. Die relevanten Ergebnisse der Literaturrecherche für den theoretischen Hintergrund fanden sich in Monografien und Sammelwerken, die Ergebnisse der Literaturrecherche für die praktische Untersuchung hingegen in Studien und Fachartikeln und vereinzelt in Monografien und Sammelwerken.

2.3.2 Beschreibung der untersuchten Systeme

2.3.2.1 Critical Incident Reporting System
Historische Entwicklung
Aus Fehlern anderer zu lernen ist möglich, dafür muss dieser nicht einmal konkret eingetreten sein. Auch aus beinahe entstandenen Fehlern lassen sich Handlungsempfehlungen ableiten, um zukünftige Fehler zu vermeiden. Damit jedoch nicht jeder den gleichen Fehler begehen muss, ist es notwendig, dass Fehler oder Beinahefehler dokumentiert, zusammengetragen und anschließend öffentlich gemacht werden. Ein mögliches Instrument, um der Allgemeinheit Erkenntnisse aus unerwünschten Ereignissen, Fehlern oder Beinahefehlern bereitzustellen, sind Fehlermeldesysteme. In vielen Ländern wurde zur Identifizierung möglicher Risiken im Gesundheitswesen das Fehlermeldesystem CIRS eingeführt.[115]

Maßgeblich beteiligt an der Entwicklung des heutigen CIRS waren Studien der Australian Patient Safety Foundation aus dem Jahr 1993 zu unerwünschten Ereignissen in der Medizin. Diese setzen an der Theorie des Psychologen John C. Flanagan an, der 1954 die „Critical Incident Technique" entwickelte. Bei dieser Methode werden Probanden hinsichtlich eines kritischen Ereignisses (positiv oder auch negativ) befragt oder beobachtet, um die Situation so detailgenau wie möglich rekonstruieren zu können. Infolge der Untersuchung wurde unter anderem Wissenswertes über sicherheitsrelevante Verhaltensweisen bekannt.[116] Laut John Flanagan kann die „Critical Incident Technique" jedoch am besten als Weiterentwicklung von Studien des Luftfahrt-Psychologie-Programms der US-Luftwaffe im Zweiten Weltkrieg angesehen werden. Dieses Programm wurde im Sommer 1941 ins Leben gerufen, um Verfahren für die Auswahl und Einstufung von Flugzeugbesatzungen zu entwickeln.[117]

In einer systematischen Analyse von Pilotenfehlern aus dem Jahr 1947 wurde herausgefunden, dass die Gefahr einer möglichen Desorientierung des Piloten durch eine Umgestaltung der Bedienelemente im Cockpit reduziert werden kann. Diese Erkenntnis „nutzte die NASA zum Aufbau eines Fehlerberichtssystems zur Erhöhung der Luftfahrtsicherheit [und entwickelte] das Aviation Safety Reporting System (ASRS)."[118] Der große Erfolg des

---

[115]Vgl. Bracht (2011), S. 118 f.
[116]Vgl. Thüß (2012), S. 4 f.
[117]Vgl. Flanagan (1954), S. 2.
[118]Thüß (2012), S. 4.

ASRS sorgte dafür, dass sich auch andere Hochrisiko- bzw. Hochsicherheitsbereiche daran orientierten und es der Medizin noch heute als Vorbild dient.[119]

In den 90er Jahren hat die Perioperative Patient Safety Group der Universität Basel in Kooperation mit Psychologen der NASA an dem Thema Patientensicherheit geforscht. Nahezu zeitgleich, im Jahr 1993, wurde ein nationales Fehlerberichtssystem der Australian Patient Safety Foundation eingeführt, an welchem sich bis heute zahlreiche australische und neuseeländische Krankenhäuser beteiligen.[120, 121] Drei Jahre später wurde in der Schweiz nach dem Vorbild der Australier ein internetgestütztes, weltweites CIRS für den Fachbereich der Anästhesie vorgestellt. Dieses wurde in den Jahren nach 1996 weiterentwickelt und im Jahr 2002 als CIRSmedical System vorgestellt.[122] Aufgrund des Erfolges des CIRS wurde in Zusammenarbeit mit der Schweizerischen Gesellschaft für Anästhesiologie und Reanimation und der Stiftung Patientensicherheit Schweiz ein einrichtungsübergreifendes CIRS entwickelt, das Critical Incident Reporting & Reacting Network (CIRRNET).[123] Bis zum April 2017 beteiligten sich 56 Spitäler der Schweiz.[124]

Die positiven Entwicklungen in der Schweiz führten dazu, dass im Jahr 2002 in zwei deutschen Städten fast zeitgleich an je einem CIRS Projekt gearbeitet wurde. Das Universitätsklinikum Marburg implementierte ein klinikinternes CIRS und das Institut für Allgemeinmedizin der Universität Kiel forschte an einem Fehlermeldesystem für Hausarztpraxen. Unter dem Namen „Jeder Fehler zählt" steht dieses CIRS seit 2004 allen Hausarztpraxen öffentlich zur Verfügung.[125] Ein Jahr später führte die Kassenärztliche Bundesvereinigung (KBV) ein anonymes Berichtssystem nach Schweizer Vorbild und in Zusammenarbeit mit der Stiftung für Patientensicherheit in der Schweiz ein.[126, 127] In den Blickpunkt der Öffentlichkeit gerieten die Themen Patientensicherheit und Fehler in der Medizin bereits Ende der 1990er Jahre, nachdem James Reason seine Studie „To Err Is Human. Building a Safer Health Care System" veröffentlichte. Darin kam er zu dem Ergebnis, dass in den USA jährlich zwischen 44.000 und 98.000 Patienten aufgrund von Behandlungsfehlern starben.

Dieses Ergebnis wurde durch weitere Studien bestätigt und führte in Deutschland dazu, dass im Jahr 2005 das Aktionsbündnis Patientensicherheit gegründet wurde.[128, 129] Aufbauend auf den Erkenntnissen der Studien verabschiedete das Aktionsbündnis Patientensi-

---

[119]Vgl. Paula (2017), S. 97.

[120]Vgl. Staender et al. (2000), S. 68.

[121]Vgl. Thüß (2012), S. 5.

[122]Vgl. Kuntsche und Börchers (2017), S. 423.

[123]Vgl. Frank et al. (2011), o. S.

[124]Vgl. Frank (2017), S. 15

[125]Vgl. Thüß (2012), S. 5.

[126]Vgl. Dettmeyer (2006), S. 363.

[127]Vgl. Aktionsbündnis Patientensicherheit (2016), S. 1.

[128]Vgl. Euteneier (2015), S. 12.

[129]Vgl. Institute of Medicine (2000), S. 26.

cherheit im Oktober 2006 die „Empfehlung zur Einrichtung eines CIRS im Krankenhaus" und stellt seitdem Handlungsempfehlungen zur Nutzung eines CIRS bereit.[130]
    Gesetzliche Mindestanforderungen für das klinische Risikomanagement in Krankenhäusern wurden im Dezember 2015 vom Gemeinsamen Bundesausschuss beschlossen. Darin werden die Krankenhäuser zur Einführung und Durchführung von Maßnahmen zur Verbesserung der Patientensicherheit verpflichtet. Darunter fällt neben der Einführung eines klinischen Risikomanagements und Fehlermanagements auch die Einrichtung eines internen Fehlermeldesystems.[131] In der aktuellsten Version der vom G-BA veröffentlichten „Regelungen zum Qualitätsbericht der Krankenhäuser" wird darüber hinaus die aktive Beteiligung an einrichtungsübergreifenden Fehlermeldesystemen gefordert.[132] Krankenhäuser, die auf diese Weise einen zusätzlichen Beitrag zur Patientensicherheit leisten und die in Abschn. 2.3.2 genannten Anforderungen erfüllen, sollen seit dem 01.01.2017 Vergütungszuschläge als finanziellen Anreiz erhalten.[133]

Rechtliche Bedeutung
Die Einrichtung eines klinischen Risikomanagements, eines Fehlermanagements sowie eines internen Fehlermeldesystems ist, wie in Abschn. 2.2.1.4 beschrieben, gesetzlich verpflichtend für zugelassene Krankenhäuser und trägt zur Erfüllung der Organisationspflichten der Krankenhausträger bei. Diese Pflicht besagt, dass ein Krankenhausträger die medizinische Versorgung so zu organisieren und zu kontrollieren hat, dass Patienten während des medizinischen Behandlungsprozesses keine vermeidbaren Gefährdungen erleiden. Der Fokus sollte, in Hinblick auf die Gefahrabwendung bzw. -vermeidung, auch auf der Gestaltung der betrieblichen Strukturen (personell, finanziell, fachlich), der Prozesse und der Abläufe liegen.[134] „Das vom Krankenhausträger aufzubauende Qualitätssicherungssystem muss darauf gerichtet sein, Mängel, Missstände und Fehler rechtzeitig erkennen, analysieren und beseitigen zu können."[135] CIRS kann als ein Instrument des klinischen Risikomanagements diese Verpflichtung erfüllen. Wird ein CIRS zur Erfüllung dieser Pflicht verwendet, hat der Krankenhausträger dafür zu sorgen, dass Mitarbeiter des Krankenhauses das Fehlermeldesystem nutzen können und es die Risikoidentifikation unterstützt. Darüber hinaus besteht die Pflicht, ein eingerichtetes CIRS zu pflegen sowie eingereichte Meldungen analysieren zu lassen und darauf zu reagieren, vor allem bei Häufungen.[136]
    Ein Krankenhausträger hat außerdem eine dienstleistungsbezogene Risikobeobachtungspflicht. Schäden, Fehler, Beinahefehler und Zwischenfälle können durch eine syste-

---

[130] Vgl. Aktionsbündnis Patientensicherheit (2006), o. S.

[131] Vgl. Hecken (2015), S. 1.

[132] Vgl. G-BA (2018), S. 20.

[133] Vgl. Hecken (2016), S. 1.

[134] Vgl. Pauli (2013), S. 238.

[135] Pauli (2013), S. 238.

[136] Vgl. Aktionsbündnis Patientensicherheit (2007), S. 11 f.

matische Beobachtung der medizinischen Behandlungsprozesse aufgedeckt und vermieden werden und die Qualität der erbrachten Leistungen kontrolliert und aufrechterhalten werden.[137] Die Beobachtung „erstreckt sich auf das gesamte Behandlungsgeschehen im Krankenhaus, was sowohl die Beobachtung der medizinischen Behandlung, der Aufklärung und Dokumentation als auch die Beobachtung der krankenhausinternen Strukturen, Prozesse und Abläufe einschließt."[138] Hinsichtlich der Gewinnung von Erkenntnissen können Daten des Beschwerdemanagements ausgewertet, Behandlungsfehlerregister analysiert oder zur Risikoidentifikation ein CIRS implementiert werden. Ob und in welchem Umfang das CIRS jedoch genutzt wird, ist von der Motivation der Mitarbeiter abhängig, da es sich bei dem CIRS um ein freiwilliges und anonymes Meldesystem handelt.[139]

Grundsätze des Critical Incident Reporting Systems
Bei der Implementierung und dem Betreiben eines Berichts- und Fehlermeldesystem, in diesem Fall ein CIRS, müssen einige Grundsätze befolgt und Anforderungen erfüllt werden, damit es langfristig und erfolgreich etabliert werden kann. Als Grundlage dienen die „Handlungsempfehlungen für stationäre Einrichtungen im Gesundheitswesen – Einrichtung und erfolgreicher Betrieb eines Berichts- und Lernsystems (CIRS)[140]" des Aktionsbündnisses Patientensicherheit aus dem Jahr 2016.

Eine wichtige Grundvoraussetzung dafür, dass Fehlermeldungen abgegeben werden, ist das Vorherrschen und Fördern einer *konstruktiven Fehlerkultur*, im Speziellen einer offenen proaktiven Sicherheitskultur. Auf diese Weise wird den Mitarbeitern eines Krankenhauses und anderen Meldenden vermittelt, dass ihre Fehler nicht negativ bewertet oder gegen sie verwendet werden, vielmehr kann aus ihnen gelernt werden.[141] Außerdem sollte den Mitarbeitern und der Führungsebene im Vorfeld durch bewusstseinsbildende Maßnahmen das Ziel und der Sinn des CIRS verdeutlicht werden.[142] Eine Verpflichtung, Fehler zu melden, sollte nicht bestehen, sondern auf *freiwilliger Basis* beruhen. Die Motivation zur Nutzung des CIRS sollte auf individueller Ebene dadurch erzeugt werden, dass ein wertschätzender Umgang untereinander herrscht, Veränderungen von der Führungsebene erwünscht sind und dass aus den gemeldeten Ereignissen Konsequenzen abgeleitet werden.[143] Ferner kann es unterstützend wirken, wenn Interesse seitens der Führungskräfte gezeigt wird oder eine aktive Teilnahme durch Anreizsysteme gefördert wird.[144]

Die *Anonymität* der Berichtenden sollte gewährleistet beziehungsweise eine nachträgliche Anonymisierung der meldenden Person möglich sein. Darüber hinaus sollte eine

---

[137] Vgl. Pauli (2013), S. 240.
[138] Pauli (2013), S. 240.
[139] Vgl. Pauli (2013), S. 256.
[140] Vgl. Aktionsbündnis Patientensicherheit (2016).
[141] Vgl. Schmola (2016), S. 312.
[142] Vgl. Gausmann (2005), S. 309.
[143] Vgl. Aktionsbündnis Patientensicherheit (2016), S. 13 ff.
[144] Vgl. Aktionsbündnis Patientensicherheit (2016), S. 28.

Rückverfolgung auf die Identität der Person unmöglich sein. Innerhalb der CIRS Meldung sollten keine persönlichen Daten abgefragt oder gespeichert werden.[145] Außerdem sollte die Meldung in einem nächsten Schritt, sofern nötig, weiter anonymisiert werden, damit bei der Veröffentlichung einer CIRS-Meldung keine Rückschlüsse auf das Krankenhaus, die Abteilung oder den Urheber der Meldung gezogen werden können.[146] Bei Vorhandensein einer konstruktiven Fehlerkultur, die ein Offenbaren von Fehlern ermöglicht, kann neben der anonymen Berichterstattung auch ein *vertrauliches Berichten* möglich sein. Bei der Bearbeitung des Berichtes durch eine Vertrauensperson, welche dem CIRS-Team nicht angehört, wird der Inhalt im Hinblick auf identifizierbare Angaben geprüft und gegebenenfalls entfernt.[147, 148] Aus diversen Studien ist bekannt, dass die Wahrung der Anonymität eine wirkungsvolle Maßnahme ist, um Hemmungen vor dem Berichten von Fehlern abzubauen.[149] Allerdings haben andere Untersuchungen gezeigt, dass ein größerer Nutzen für das klinische Risikomanagement erzeugt werden kann, wenn Meldungen vertraulich abgegeben werden und die Möglichkeit für Rückfragen bestünde.[150]

Ein CIRS sollte als weiteren wichtigen Grundsatz die *Sanktionsfreiheit* befolgen. Mitarbeiter sollten bei der Meldung eines Fehlers beziehungsweise eines Beinaheschadens keine Angst vor dienstrechtlichen oder disziplinarrechtlichen Konsequenzen haben müssen. Diese Sanktionsfreiheit ist auch im Gesetz zur Verbesserung der Rechte von Patientinnen und Patienten in § 135a Abs. 3 Satz 1 SGB V geregelt: „Meldungen und Daten aus einrichtungsinternen und einrichtungsübergreifenden Risikomanagement- und Fehlermeldesystemen […] dürfen im Rechtsverkehr nicht zum Nachteil des Meldenden verwendet werden."[151] Diese Regelung hat allerdings auch Grenzen. Handelt es sich um besonders schwerwiegende Straftaten, die ihren Ursprung in Inkompetenz, der Missachtung von Regeln oder der Verletzung von Vorschriften haben, versagt der Schutz des Gesetzes (siehe Abschn. 2.3.2).[152] Zusätzlich zu der Regelung im Patientenrechtegesetz empfiehlt das Aktionsbündnis Patientensicherheit die Einführung einer Betriebs- oder Dienstvereinbarung. Diese soll die Freiwilligkeit, Anonymität und Sanktionsfreiheit im CIRS garantieren und von der Krankenhausleitung und den beteiligten Personen unterschrieben werden.[153]

Des Weiteren sollte das CIRS *unabhängig* von Autoritäten sein. Es sollte „kein Interessenkonflikt zwischen klinischer Verantwortung (Leitung einer Fachabteilung […]) und der

---

[145] Vgl. Schmola (2016), S. 312.

[146] Vgl. Aktionsbündnis Patientensicherheit (2016), S. 13.

[147] Vgl. Aktionsbündnis Patientensicherheit (2016), S. 21.

[148] Vgl. Schmola (2016), S. 312.

[149] Vgl. Harper und Helmreich (2005), S. 177 f.

[150] Vgl. Fernald et al. (2004), S. 327 ff.

[151] § 135a Abs. 3 Satz 1 SGB V.

[152] Vgl. Schmola (2016), S. 312.

[153] Vgl. Aktionsbündnis Patientensicherheit (2016), S. 11.

Wahrung der Vertraulichkeit im CIRS auftreten.“[154] Die Mitarbeiter des Krankenhauses, die zu CIRS-Verantwortlichen bestimmt werden, sollten bestenfalls festgelegte Entscheidungskompetenzen haben und nicht weisungsgebunden sein.[155]

Klare Aufbau- und Ablaufstrukturen sollten ebenfalls Grundsatz eines CIRS sein. Aufgaben, Zuständigkeiten, Rechte und Strukturen innerhalb des Risikomanagements und des CIRS sollten standardisiert sein. Ob das CIRS zentral oder dezentral organisiert werden soll, es papiergestützt oder im Internet eingerichtet wird, wer in das zentrale CIRS-Team aufgenommen wird und weitere organisatorische Entscheidungen müssen im Voraus geklärt und den Mitarbeitern mitgeteilt werden. Ein *einfacher Zugang* sowie eine kurze und übersichtliche Gestaltung des CIRS-Formulars werden ebenfalls empfohlen. Auf diese Weise ist es leicht verständlich, nimmt wenig Zeit in Anspruch und erscheint anwenderfreundlich.[156]

Innerhalb der Einrichtung sollte, um Verwirrungen zu vermeiden, eine *klare Definition der zu berichtenden Ereignisse* bestehen. Nur so können Anwender des CIRS wissen, welche Ereignisse berichtet werden sollen und welche Meldungen nicht. Dieser Schritt trägt dazu bei, die Bereitschaft, Ereignisse zu melden, zu erhöhen. Alle Mitarbeiter sollten mit dieser Definition vertraut sein und sie sollte ihnen jederzeit zur Verfügung stehen.[157] Eine klare Regelung, wie Berichte gehandhabt werden sollen, die nicht der Definition entsprechen, sollte im Voraus getroffen und klar kommuniziert werden.[158]

Eingehende Berichte werden *unmittelbar* bearbeitet und auf Anhaltspunkte untersucht, die eine mögliche akute Gefahr der Patientensicherheit darstellen. Die anschließende *Analyse* wird von Mitarbeitern durchgeführt, die für diese Aufgabe entsprechend qualifiziert und geschult sind und die Strukturen der Einrichtung kennen. Außerdem ist eine entsprechende Fach- und Prozesskenntnis notwendig, um Systemfaktoren erkennen und die Meldungen bewerten zu können. Bei der Erstellung der Analysen und dem Aussprechen von Empfehlungen sollte der Fokus darauf liegen, Systeme und Prozesse zu verändern beziehungsweise zu optimieren.[159] Im Anschluss an die Analyse sollten alle Mitarbeiter ein *Feedback* über die Berichte und die Maßnahmen erhalten. Werden in dem CIRS vertrauliche Meldungen abgegeben, können die berichtenden Personen auch ein direktes Feedback erhalten. In den meisten Fällen wird allerdings anonym berichtet und die Mitarbeiter der Abteilung oder des Krankenhauses erhalten eine allgemeine Rückmeldung. Der Bericht kann zum Beispiel im Intranet veröffentlicht werden oder via E-Mail beziehungsweise per Newsletter verschickt werden.[160] Neben den Mitarbeitern sollten auch die Führungskräfte

---

[154] Aktionsbündnis Patientensicherheit (2016), S. 22.
[155] Vgl. Aktionsbündnis Patientensicherheit (2016), S. 31.
[156] Vgl. Aktionsbündnis Patientensicherheit (2016), S. 13 ff.
[157] Vgl. European Commission, Patient Safety and Quality of Care working group (2014), S. 24.
[158] Vgl. Aktionsbündnis Patientensicherheit (2016), S. 18.
[159] Vgl. Aktionsbündnis Patientensicherheit (2016), S. 13 ff.
[160] Vgl. Aktionsbündnis Patientensicherheit (2016), S. 20.

aller Ebenen regelmäßig über den Stand des CIRS informiert werden.[161] Insgesamt sind
Feedbacks ein wichtiger Schritt, um die Bereitschaft und Motivation der Mitarbeiter, Meldungen im CIRS abzugeben, aufrechtzuerhalten.[162]

Die Bereitstellung notwendiger Ressourcen, sowohl finanziell als auch personell, stellt
ebenfalls einen wichtigen Faktor bei der Implementierung und effektiven Führung eines
CIRS dar. Auf diese Weise können im besten Fall alle Meldungen analysiert und zusätzliche Schulungen für die Mitarbeiter angeboten werden.[163] Von zentraler Bedeutung ist zudem ein aktives und sichtbares Engagement der Führungskräfte, die überzeugt sind, dass
es sich bei dem CIRS um ein wichtiges und wertvolles Instrument des klinischen Risikomanagements handelt.[164]

Methodik des Critical Incident Reporting Systems
Die Methodik des CIRS basiert auf der Sammlung und Aufbereitung von gemeldeten Fehlern, Risiken und Beinahezwischenfällen. Es fungiert daher im Risikomanagement als
Risikoerkenntnismethode. Critical Incident Reports können darüber hinaus in der Risikoanalyse von Bedeutung sein, da jedes Ereignis zur Aufspürung von möglichen Organisati-
onsmängeln, Kommunikationsproblemen oder ineffektiven Prozessen genutzt werden
kann.[165] Ein CIRS kann einrichtungsintern, aber auch einrichtungsübergreifend organisiert
sein. Abb. 2.7 zeigt den grundsätzlichen Ablauf eines internen Berichts- und Lernsystems,
auf den im Anschluss genauer eingegangen wird.

Ereignismeldung: Ein internes Berichts- und Lernsystem kann entweder papiergestützt
oder elektronisch eingeführt werden. Für die Nutzung der Papierfassung sprechen die
Ortsunabhängigkeit und die nicht notwendigen EDV-Kenntnisse, die Auswertung ist jedoch aufwendiger und eine Identifizierung der Handschrift könnte die Anonymität gefährden. Um ein erfolgreiches CIRS zu führen, sollte im Vorfeld vereinbart werden, was genau
gemeldet werden soll. In den Handlungsempfehlungen des Aktionsbündnis Patientensicherheit lautet die Definition der zu berichtenden Ereignisse wie folgt: „Als „zu bericht-
ende Ereignisse" gelten alle Fehler, Risiken, kritischen Ereignisse und Beinahe-Schäden
in der Versorgung der Patienten [...], wenn zum Zeitpunkt des Berichtens kein Schaden
des Patienten [...] durch das Ereignis bzw. das Risiko erkennbar ist."[166] Denn ein CIRS ist
kein Meldesystem für Schadensfälle, sondern für Beinahezwischenfälle.[167]

---

[161] Vgl. Aktionsbündnis Patientensicherheit (2016), S. 28.

[162] Vgl. Aktionsbündnis Patientensicherheit (2016), S. 20.

[163] Vgl. Aktionsbündnis Patientensicherheit (2016), S. 9 ff.

[164] Vgl. Aktionsbündnis Patientensicherheit (2016), S. 23.

[165] Vgl. Hofinger (2008), S. 43 f.

[166] Aktionsbündnis Patientensicherheit (2016), S. 7.

[167] Vgl. Schmola (2016), S. 313 ff.

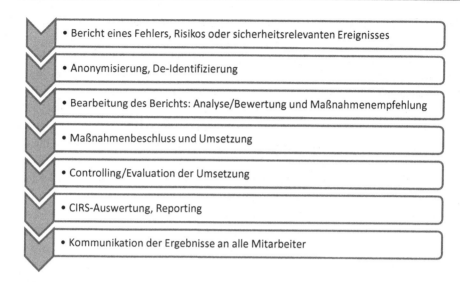

- Bericht eines Fehlers, Risikos oder sicherheitsrelevanten Ereignisses
- Anonymisierung, De-Identifizierung
- Bearbeitung des Berichts: Analyse/Bewertung und Maßnahmenempfehlung
- Maßnahmenbeschluss und Umsetzung
- Controlling/Evaluation der Umsetzung
- CIRS-Auswertung, Reporting
- Kommunikation der Ergebnisse an alle Mitarbeiter

Abb. 2.7 Ablauf eines internen Berichts- und Lernsystems (eigene Darstellung in Anlehnung an Heuzeroth 2016)

An dieser Stelle ist anzumerken, dass die Definitionen darüber, was berichtet werden soll, von Land zu Land und auch innerhalb eines Landes sehr stark variieren. So sollen in Norwegen nur schwerwiegende Schäden an Patienten berichtet werden, wohingegen in vielen Ländern auf der Grundlage einer weiter gefassten Definition gearbeitet wird, wie zum Beispiel in Dänemark, Schweden und dem Vereinigten Königreich.[168] Bei der Analyse einiger deutscher überregionaler CIRS ist aufgefallen, dass entgegen der Definition auch Fehler mit eingetretenem Patientenschaden berichtet werden können.

So gilt beispielsweise auf der Plattform „jeder-fehler-zählt": „Es muss kein Patientenschaden entstanden sein, um ein kritisches Ereignis zu berichten. Kein kritisches Ereignis ist zu unwichtig oder zu schwerwiegend, um nicht hier gemeldet werden zu können!"[169] Ähnlich wird es auf der Plattform „KH-CIRS-Netz Deutschland 2.0" gehandhabt, dort können „alle sicherheitsrelevanten Ereignisse berichtet werden. Dies sind: Kritische Ereignisse, Beinahe-Schäden und Fehler, die zusätzlich für überregionales, interdisziplinäres oder inter-professionelles Lernen relevant erscheinen."[170] Auch auf dem Meldeportal „CIRS-NRW" findet keine Beschränkung auf Beinahezwischenfälle statt. Dort heißt es lediglich, dass das CIRS-NRW dazu beitragen soll, über kritische Ereignisse offen zu sprechen und aus ihnen zu lernen.[171] Die Problematik verschiedener Definitionen liegt

---

[168] Vgl. European Commission, Patient Safety and Quality of Care working group (2014), S. 24.

[169] Johann Wolfgang Goethe-Universität – Institut für Allgemeinmedizin (o. J.), o. S.

[170] KH-CIRS-Netz Deutschland 2.0 (o. J.), o. S.

[171] Vgl. CIRS NRW (2017), o. S.

darin, dass „ohne einheitliche Fehlerdefinition […] sich eine spätere analytische Bearbeitung der Meldungen nicht durchführen [lässt]."[172]

Bei dem Aufbau des Berichtsbogens sind, ergänzend zu den Angaben bezüglich des kritischen Ereignisses, Freitextfelder von Vorteil, um die Ursachen und mögliche Vermeidungsstrategien schlussfolgern zu können.[173] Für die spätere Risikoanalyse ist die Beantwortung folgender Fragen relevant: „Was ist geschehen?", „Was war das Ergebnis?", „Warum ist es geschehen?" und „Wie könnte es zukünftig verhindert werden?".[174] Optionale Fragen wären beispielsweise: „Wer berichtet?", „Wo ist es geschehen?" und „Wann ist es geschehen?".[175] Bei der Verwendung von Freitextfeldern sollte berücksichtigt werden, dass vor allem bei kleineren Krankenhäusern oder Abteilungen eventuell Rückschlüsse auf die Identität der meldenden Person gezogen werden können.[176] Es sollte zudem darauf geachtet werden, die Zahl der Pflichtfelder und der optional ausfüllbaren Felder auf ein Minimum zu reduzieren, damit das Ausfüllen des Bogens nicht zu viel Zeit in Anspruch nimmt und die Meldebereitschaft in Folge dessen sinken würde.[177]

Anonymisierung: Wie bereits im Abschnitt „Methodik des Critical Incident Reporting Systems" beschrieben, erfolgt im Anschluss an eine Ereignismeldung die Anonymisierung oder auch De-Identifizierung. Ziel dieses Schrittes ist, das Lernpotenzial der Ereignisse zu erhalten, dabei aber ein Wiedererkennen der betroffenen Person oder auch der Institution zu verhindern. Dazu wird eine Vertrauensperson des Krankenhauses oder einer externen Einrichtung, welche zur Einhaltung des Datenschutzes verpflichtet ist, die Berichte bearbeiten. Folgende Daten sollten gelöscht beziehungsweise verändert werden:

- Namen, Geschlecht, E-Mail-Adressen, Telefonnummern, Adressen
- Geburtsdaten
- Datumsangaben
- Station-/Abteilungsbezeichnungen
- Fachbezeichnungen, Titel oder Hierarchiebezeichnungen
- Spezifische Beschreibung des Patienten, wie Diagnosen, Laborwerte, Operationen

Darüber hinaus können persönliche Äußerungen oder Anschuldigungen gelöscht werden, sofern sie kein Lernpotenzial enthalten.[178]

---

[172] Vgl. Wiese et al. (2011), S. 39.

[173] Vgl. Gunkel et al. (2013), S. 15f.

[174] Aktionsbündnis Patientensicherheit (2016), S. 17.

[175] Schmola (2016), S. 314.

[176] Vgl. Aktionsbündnis Patientensicherheit (2007), S. 17.

[177] Vgl. Aktionsbündnis Patientensicherheit (2016), S. 17.

[178] Vgl. Gunkel et al. (2013), S. 17 f.

Analyse: Im Anschluss an die Anonymisierung wird der Bericht hinsichtlich Ursachen und fehlerbegünstigender Faktoren analysiert, um darauf aufbauend Verbesserungsmaßnahmen zu erarbeiten. Ein erster Schritt ist die Klassifikation der Ereignisse. Dabei werden die Berichte bestimmten Themen, Bereichen, Abteilungen oder Schweregraden zugeordnet. Die internationale Klassifikation für Patientensicherheit (ICPS), eine Publikation der WHO, kann als Klassifikationssystem für die CIRS-Ereignisse herangezogen werden.[179] In diesem Schema gibt es zehn Hauptkategorien (unter anderem: Vorfallstyp, Patientenergebnisse, Patientenmerkmale) mit vielen weiteren Subkategorien, wie zum Beispiel ausgehend vom Vorfallstyp: medizinische Geräte/Ausrüstung, klinischer Prozess/ Eingriff, Medikation und viele weitere.[180] Es ist auch möglich ein eigenes System zu entwickeln und die CIRS-Ereignisse nach dem Schweregrad des Ereignisses zu klassifizieren. Auf diese Weise können die Meldungen nach ihrer Priorität bearbeitet werden.[181]

Vor der eigentlichen Analyse kann es eventuell notwendig sein, weiterführende Informationen über den Hergang des Ereignisses einzuholen. Im Anschluss an diesen Schritt erfolgt die Analyse des Berichts nach einem bewährten Verfahren. Beispiele dafür sind das Ishikawa-Diagramm, eine Fehlermöglichkeiten-Einfluss-Analyse (FMEA) oder eine „Root Cause Analysis."[182] Bei der Root Cause Analysis wird das Ereignis nach der 5-W-Methode untersucht: Was ist wo und wann passiert, welche Auswirkungen sind entstanden und wer war beteiligt? Danach findet die Ursachenanalyse statt, bei der solange „warum" gefragt wird, bis die Problemursache gefunden ist.[183] Die Mitarbeiter, welche die Ursachenanalyse durchführen, müssen im Vorfeld eine Schulung zur Anwendung der Analysemethode erhalten haben.

Eine Risikobewertung, welche von enormer Wichtigkeit ist, schließt die Analyse des Berichtes ab. Denn nur wenn Risiken identifiziert und bewertet werden, können daraus Handlungsoptionen abgeleitet und umgesetzt werden, die im Anschluss gesteuert und überwacht werden.[184] Dabei wird ein Risiko hinsichtlich der zu erwartenden Schadenshöhe und der Eintrittswahrscheinlichkeit bewertet. Der Schadenserwartungswert lässt sich bestimmen, in dem das Produkt der Eintrittswahrscheinlichkeit und der Schadenshöhe gebildet wird.[185] Visuell darstellen lässt sich dies in einer Risikomatrix (siehe Abb. 2.8). Die zweidimensionale Matrix zeigt auf der x-Achse das Schadensausmaß und auf der y-Achse die Eintrittswahrscheinlichkeit. Das Schadensausmaß kann zum Beispiel von „gering" bis „schwerwiegend" eingestuft werden und die Eintrittswahrscheinlichkeit von „gering" bis „hoch". Mithilfe dieser Matrix können Risiken bestimmten Feldern zugeord-

---

[179] Vgl. Aktionsbündnis Patientensicherheit (2016), S. 18.

[180] Vgl. WHO (2009), S. 7 ff.

[181] Vgl. Gunkel et al. (2013), S. 20.

[182] Vgl. Aktionsbündnis Patientensicherheit (2016), S. 18.

[183] Vgl. Schmola (2016), S. 321.

[184] Vgl. Merkle (2014), S. 168.

[185] Vgl. Smirska (2009), S. 52 f.

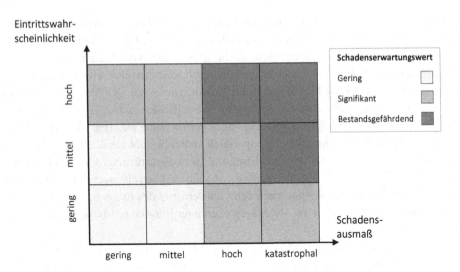

Abb. 2.8 Risikomatrix, Quelle: eigene Darstellung, modifiziert nach Merkle, W. 2014)

net und so systematisch bewertet werden.[186] Die Bewertung des Risikos beziehungsweise des gemeldeten Ereignisses kann zudem dabei helfen, die Risiken hinsichtlich ihrer Dringlichkeit zu priorisieren.[187] Darüber hinaus kann die Risikobewertung als Grundlage dienen, um über weitere Ressourcen zu verhandeln.[188]

Ableitung von Verbesserungsmaßnahmen: Ausgehend von den Ergebnissen der Analyse werden Empfehlungen für Maßnahmen entwickelt. Diese zielen darauf ab, ein erneutes Auftreten der Ereignisse zu verhindern, die Gefahr, dass ein Ereignis eintreten kann, früher erkennen zu können und drohende Schäden bei einer möglichen Wiederholung so gering wie möglich zu halten. Mögliche Maßnahmen können die Optimierung von Kommunikation und Information sein, die Standardisierung von Prozessen (zum Beispiel durch Leitlinien oder Expertenstandards), das Ausarbeiten von Verfahrensanweisungen oder das Einbeziehen der Patienten in den Behandlungsprozess.[189] Präventionsmaßnahmen sollten bestenfalls systemumfassend gestaltet und schriftlich in den Prozessen der Klinik verankert sein. Bei der Formulierung der Maßnahmen sollte darauf geachtet werden, dass diese sehr konkret und verständlich beschrieben werden und keine Appelle enthalten.[190] In einem Maßnahmenplan sollte für jede Maßnahme ein Verantwortlicher benannt und ein Zieltermin gesetzt sein.[191] Neben der Herleitung eigener Strategien können auch Verbesserungsmaßnahmen aus Fachkommentaren externer CIRS-Netzwerke herangezogen werden.

---

[186] Vgl. Merkle (2014), S. 168 f.

[187] Vgl. National Patient Safety Agency (2008), S. 12.

[188] Vgl. Gunkel et al. (2013), S. 24.

[189] Vgl. Hoffmann und Rohe (2010), S. 96.

[190] Vgl. Aktionsbündnis Patientensicherheit (2016), S. 20.

[191] Vgl. Gunkel et al. (2013), S. 25.

Der Zeitaufwand für die Implementierung und Umsetzung von Maßnahmen kann sehr unterschiedlich sein. Das kann davon abhängen, ob eine einzelne Abteilung oder die gesamte Einrichtung betroffen ist. Über die Umsetzung entscheidet die Leitung des Krankenhauses, die Pflegedienstleitung oder die Abteilungsleitung. Die Umsetzung selbst wird von den CIRS-Verantwortlichen begleitet.[192]

Feedback und Evaluation: Wichtig für die Aufrechterhaltung der Meldebereitschaft ist, dass alle Mitarbeiter des Krankenhauses Rückmeldungen zu den Berichten, deren Analysen und den eingeleiteten Veränderungen erhalten. Das Feedback kann zum Beispiel schriftlich über das Intranet, einen Aushang, einen Bericht oder aber auch mündlich in Form von Fallkonferenzen oder Abteilungs-besprechungen erfolgen.[193] Wenn eine zeitnahe Umsetzung von Verbesserungsmaßnahmen nicht möglich ist, kann es sinnvoll sein, dies zu kommunizieren und ein regelmäßiges Update über den aktuellen Stand zu geben.[194] Nach einem vorab definierten Zeitraum werden die Maßnahmen und ihre Umsetzung evaluiert.

Um die Nutzung und Wirksamkeit des CIRS zu prüfen, empfiehlt es sich, Kennzahlen zu definieren. Die Zahl der gemeldeten Ereignisse ist dabei von geringerer Bedeutung, die Anzahl der abgeleiteten und auch umgesetzten Maßnahmen ist hingegen eine elementare Größe. Mögliche Kennzahlen sind die Anzahl der Berichte pro Monat oder Quartal, die Anzahl hilfreicher Berichte, die Anzahl verwertbarer CIRS-Meldungen und die Anzahl an Maßnahmen (gesamt und umgesetzt).[195]

Bedeutung des Critical Incident Reporting Systems für das klinische Risikomanagement

Das CIRS stellt ein wesentliches Element des klinischen Risikomanagements dar. Es eignet sich insbesondere zur Identifikation und Steuerung von kritischen Ereignissen und Beinahezwischenfällen. Eine Bewältigung von Risiken und damit eine Erhöhung der Patientensicherheit lässt sich aber nur erreichen, wenn die gemeldeten Ereignisse analysiert, bewertet und im Anschluss Verbesserungsmaßnahmen abgeleitet werden. Von elementarer Bedeutung dafür sind jedoch das Vorherrschen einer konstruktiven Fehlerkultur sowie ein offener Umgang miteinander. Darüber hinaus lässt sich die Meldebereitschaft der Mitarbeiter durch gute kommunikative Strukturen steigern. Denn nur eine aktive Nutzung des CIRS mit anschließender Bearbeitung der Ereignisse kann zu einer Erhöhung der Patientensicherheit beitragen.[196]

---

[192] Vgl. Aktionsbündnis Patientensicherheit (2016), S. 20.
[193] Vgl. Gunkel et al. (2013), S. 26.
[194] Vgl. Schmola (2016), S. 313.
[195] Vgl. Aktionsbündnis Patientensicherheit (2016), S. 33.
[196] Vgl. Paula (2017), S. 98 ff.

Neben dem proaktiven präventiven Ansatz des CIRS beschäftigt sich das Risikomanagement auch im reaktiv präventiven Sinn mit tatsächlich bereits aufgetretenen Proble-
men.[197] Das Global Trigger Tool stellt eine solche retrospektive Screening-Methode dar.
Dieses Instrument agiert unabhängig von der Motivation der Mitarbeiter. Bei dem GTT
sichten unabhängige Reviewer in regelmäßigen Abständen eine bestimmte Anzahl an
Patientenakten im Hinblick auf Trigger.[198] Eine genauere Beschreibung dieses Messinstrumentes erfolgt im nachfolgenden Abschnitt.

2.3.2.2 Das Global Trigger Tool
Historische Entwicklung
Das Konzept, einen „Trigger" zur Identifizierung unerwünschter Ereignisse in der Krankenakte zu nutzen, wurde 1974 von Jick eingeführt.[199] Classen verfeinerte und automatisierte den Ansatz, indem er elektronische Trigger verwendete, um im Krankenhausinfor-
mationssystem Patientenakten zu identifizieren und diese auf unerwünschte Ereignisse zu
untersuchen. Im Jahr 1999 hat das „Institute for Healthcare Improvement" (IHI) die Initi-
ative „Idealized Design of Medication System" (deutsch: Idealisiertes Design eines Medi-
kationssystems) ins Leben gerufen und ein Expertengremium einberufen. Das Gremium
kam zu dem Ergebnis, dass die Methoden zum Erkennen und Messen von „adverse drug
events" (deutsch: unerwünschte Arzneimittel-ereignisse) weder effektiv noch praktisch
waren.[200]
Aufbauend auf den Arbeiten von Classen et al.[201, 202] adaptierte und entwickelte das
Gremium eine grundlegende „Trigger Tool"-Methodik, bei der Krankenakten untersucht
wurden, um unerwünschte Arzneimittelereignisse innerhalb des Behandlungsprozesses
stationärer Patienten zu entdecken. Obwohl die Triggermethode im Laufe der Zeit immer
exakter definiert wurde, ist das Grundprinzip der Suche nach Triggern in Patientenakten
gleichgeblieben. In den nachfolgenden Jahren entwickelte das IHI viele verschiedene
Trigger Tools, die den gleichen Ansatz verfolgten, jedoch auch in anderen Abteilungen
des Krankenhauses eingesetzt werden konnten. Dazu gehörten zum Beispiel die Intensivstation für Erwachsene, die neonatale Intensivstation und die allgemein chirurgische
Station.[203]
Mit dem Wissen aus den vorangegangenen Arbeiten entwickelte das IHI im Jahr 2004
das Global Trigger Tool. Dabei wurde das Ziel verfolgt, eine anwenderfreundliche Methode bereitzustellen, mit der unerwünschte Ereignisse erkannt werden können, die während des stationären Aufenthaltes auftraten. Das Global Trigger Tool wurde stabiler und

---

[197]Vgl. Hensen (2016), S. 318.

[198]Vgl. Euteneier (2015), S. 563 f.

[199]Vgl. Jick (1974), S. 824 ff.

[200]Vgl. Classen et al. (2008), S. 170.

[201]Vgl. Classen et al. (1991), S. 2847 ff.

[202]Vgl. Classen et al. (1992), S. 774 ff.

[203]Vgl. Classen et al. (2008), S. 170.

praktischer gestaltet und entwickelte sich zu einem reliablen, quantitativen Messinstrument. Diese Verbesserungen wurden für notwendig erachtet, da Studien, welche die ersten Trigger Tools des IHI nutzten, eine schlechte Inter-Rater-Reliabilität vorwiesen.[204]

Das Instrument wird vor allem in den USA sowie in Krankenhäusern skandinavischer und angelsächsischer Länder genutzt. Seit 2009 kommt das Global Trigger Tool auch im deutschsprachigen Raum in einigen Krankenhäusern zum Einsatz.[205, 206]

Grundsätze des Global Trigger Tools

Es empfiehlt sich, wie bei dem CIRS, die Voraussetzungen, die Methode und das Ziel des Global Trigger Tools zu definieren und öffentlich bekanntzumachen. Auf diese Weise kann die Angst vor Datenmissbrauch und zusätzlichen Belastungen minimiert werden.[207]

Ein Grundsatz des Global Trigger Tools ist, dass ausschließlich Patientenakten als Datengrundlage herangezogen und retrospektiv bearbeitet werden. Eine Datenerhebung darüber hinaus erfolgt nicht.[208] Dabei werden im Zwei-Wochen-Rhythmus zehn zulässige Patientenakten auf Trigger hin untersucht.[209]

Die Analyse der Daten erfolgt durch mindestens drei Personen, zwei Erstprüfer (Reviewer) und einen Arzt (Supervisor), diese sollten vertrauenswürdige und geschulte Mitarbeiter des Krankenhauses sein.[210] Die Durchsicht einer Patientenakte sollte maximal 20 Minuten in Anspruch nehmen.[211]

Es sollte im Zuge der Patientenaktenanalyse nicht zu einer nachträglichen Sanktionierung von Mitarbeitern kommen. Durch das Sichten der Patientenakten und Suchen nach Triggern werden unter Umständen Zusammenhänge hinsichtlich eines Fehlers deutlich und es könnte zu Schuldzuweisungen kommen. Dies sollte vermieden werden, ebenso negative Konsequenzen für die betroffenen Mitarbeiter.[212]

Die gewonnenen Daten dienen ausschließlich der Verbesserung der Patientensicherheit, das Global Trigger Tool stellt kein Instrument zum Benchmarking dar. Es dient der Identifizierung von Verbesserungspotenzial und ermöglicht den Vergleich mit dem eigenen Krankenhaus über einen längeren Zeitraum, ist jedoch beim Vergleich mit anderen Krankenhäusern nicht nützlich. Das liegt unter anderem daran, dass sich die Krankenhäuser in Bezug auf die Fähigkeiten der Reviewer und der damit verbundenen Intra- und Inter-Rater-Reliabilität unterscheiden. Zudem vertrat das Team des IHI die Ansicht, dass ein

---

[204] Vgl. Classen et al. (2008), S. 170.

[205] Vgl. Doupi et al. (2013), S. 45 f.

[206] Vgl. Euteneier (2015), S. 563.

[207] Vgl. Hartmann (2015), S. 305.

[208] Vgl. Hartmann (2015), S. 305.

[209] Vgl. Griffin und Resar (2009), S. 8 f.

[210] Vgl. Adler et al. (2008), S. 245.

[211] Vgl. Griffin und Resar (2009), S. 10.

[212] Vgl. Hartmann (2015), S. 306.

Vergleich mit anderen Krankenhäusern kontraproduktiv sei, weil entweder unnötige Ängste oder umgekehrt ein falsches Sicherheitsgefühl hervorgerufen werde.[213, 214]

Um unerwünschte Patientenereignisse quantifizieren zu können, konzentriert sich das Global Trigger Tool darauf, Verletzungen oder Schäden von Patienten zu erkennen, unabhängig davon, ob sie vermeidbar waren oder nicht. Das IHI ist der Ansicht, dass ein eingetretenes unerwünschtes Ereignis gleichzeitig einen Schaden darstellt. Aus diesem Grund ist eine klare Definition eines unerwünschten Ereignisses erforderlich. Die vom Global Trigger Tool genutzte Definition eines unerwünschten Ereignisses basiert auf der Begriffserklärung der WHO zu unerwünschten Arzneimittelereignissen. Diese lautet: *„Noxious and unintended and occurs at doses used in man for prophylaxis, diagnosis, therapy, or modification of physiologic functions."*[215] Neben dieser Art von Ereignissen umfasst das GTT auch alle schädlichen oder unbeabsichtigten Ereignisse, die im Zusammenhang mit der medizinischen Versorgung auftreten können.[216] Der Begriff „Schaden" wird vom IHI wie folgt definiert: *„unintended physical injury resulting from or contributed to by medical care that requires additional monitoring, treatment or hospitalization, or that results in death."*[217] Außerdem schließt das GTT ausschließlich unerwünschte Ereignisse ein, die im Zusammenhang mit der aktiven Bereitstellung von Pflege stehen, und grenzt, so weit wie möglich, Probleme im Zusammenhang mit minderwertiger Pflege aus. Wenn ein Patient mit Bluthochdruck einen Schlaganfall erleidet, weil sich die Pflegekräfte nicht angemessen um ihn gekümmert haben, zählt dies, im Sinne der IHI, nicht als unerwünschtes Ereignis. Wird einem Patienten jedoch ein Antikoagulans (Blutverdünner) verabreicht und dieser erleidet in Folge dessen einen Schlaganfall, wird dies als unerwünschtes Ereignis verstanden. Es wird davon ausgegangen, dass die Verabreichung des Medikamentes das Ereignis verursacht hat. Ob ein unerwünschtes Ereignis vermeidbar war oder nicht, ist kein Kriterium des Global Trigger Tools.[218]

Methodik des Global Trigger Tools
Die Methodik des Global Trigger Tools basiert auf der manuellen Überprüfung von geschlossenen, papierbasierten Patientenakten. Im Vergleich zu der traditionellen Methode, bei der alle Patientenakten komplett gelesen werden, um unerwünschte Ereignisse zu identifizieren, wird bei diesem Vorgehen eine geringere Anzahl an Patientenakten auf Trigger hin untersucht. Auf diese Weise sollen Fehler oder auch Patientenschäden erkannt und im Zeitverlauf quantifiziert werden.[219] Das Global Trigger Tool ist ein Instrument, welches die Häufigkeit von Schäden pro Zeiteinheit misst. Nachfolgend werden die Pro-

---

[213] Vgl. Doupi et al. (2013), S. 47.
[214] Vgl. Rozich et al. (2003), S. 194 ff.
[215] Griffin und Resar (2009), S. 4.
[216] Vgl. Griffin und Resar (2009), S. 4.
[217] Griffin und Resar (2009), S. 5.
[218] Vgl. Griffin und Resar (2009), S. 5.
[219] Vgl. Doupi et al. (2015), S. 51.

zesse zum Auswählen und Überprüfen von Datensätzen und zum Bestimmen, ob unerwünschte Ereignisse aufgetreten sind, erläutert.

Bevor das Global Trigger Tool in einem Krankenhaus zum Einsatz kommen kann, sollte ein Projektmanager bestimmt werden. Dieser sollte für die Koordination der Reviewer, der Datensammlung sowie der Stichprobenauswahl verantwortlich sein. Zusätzlich zu einem Projektmanager sollte ein Geldgeber gesucht werden, der für die Bereitstellung von Ressourcen und die Datenverteilung verantwortlich wäre. Darüber hinaus ist es wichtig, den Prozess für die Mitarbeiter des Krankenhauses zu beschreiben und klare Aussagen zum Zeitplan und den verantwortlichen Personen zu tätigen.[220]

Review-Team: Wie bereits beschrieben, sollte das Review-Team aus mindestens drei Personen bestehen, zwei Erstprüfern und einem Arzt. Erstgenannte sollten über die Abläufe im Krankenhaus Bescheid wissen und mit dem Inhalt und dem Aufbau von Patientenakten vertraut sein. Sie sollten examiniert und gut über Krankheiten informiert sein und den Aufbau und die Verwendung von Diagrammen innerhalb der Patientenakte kennen und deuten können. Krankenschwestern, Apotheker und Atemtherapeuten eignen sich dafür. Es ist hingegen auch möglich, Teammitglieder aus anderen Professionen zu wählen, wie zum Beispiel Physiotherapeuten, da diese ebenfalls über ein umfassendes Fachwissen verfügen. In den meisten Fällen wurden erfahrene Krankenschwestern eingesetzt.[221] Es sollten nicht mehr als zwei Erstprüfer eingesetzt werden, da es so zu einer schlechteren Intra- und Inter-Rater-Reliabilität kommen könnte.[222]

Die dritte Person fungiert als Supervisor. Dieser prüft nicht die Patientenakten, sondern bestätigt, dass die beiden Erstprüfer übereinstimmende Ergebnisse erzielt haben. Darüber hinaus steht er zur Beantwortung von Fragen zur Verfügung, die bei der Sichtung der Krankenakte aufkommen könnten.[223] Der Arzt sollte integer sein und eine umfangreiche klinische Erfahrung vorweisen können.[224]

Das IHI fordert die Teams dazu auf, sich kontinuierlich um ein konsequentes und standardisiertes Verfahren bei der Sichtung der Patientenakten, dem Verwenden von Triggern und der Interpretation der Ereignisse zu bemühen.[225] Die Reviewer sollten fünf Jahre Erfahrung in der Notaufnahme oder der Intensivmedizin mitbringen und bereits Erfahrungen im Prüfen von Stationskurven gemacht haben.[226] Im besten Fall bleibt das Überprüfungsteam innerhalb eines bestimmten Zeitraumes möglichst konstant. Eine einjährige Zusammenarbeit wird als geeignet angesehen. Von Vorteil wäre es, wenn erfahrene Reviewer

---

[220] Vgl. Adler et al. (2008), S. 245.

[221] Vgl. Adler et al. (2008), S. 245.

[222] Vgl. Griffin und Resar (2009), S. 7.

[223] Vgl. Griffin und Resar (2009), S. 7.

[224] Vgl. Adler et al. (2008), S. 245

[225] Vgl. Griffin und Resar (2009), S. 7.

[226] Vgl. Adler et al. (2008), S. 248.

neue Reviewer in die Methodik des IHI Global Trigger Tools einweisen würden.[227] Darüber hinaus sollten sich die Teammitglieder monatlich treffen, um alle in dem Monat identifizierten unerwünschten Ereignisse zu besprechen. Auf diese Weise können mögliche Unterschiede zwischen den Prüfern hinsichtlich der Ermittlung unerwünschter Ereignisse und der Bewertung des Schweregrads festgestellt und behoben werden. Es hat sich gezeigt, dass durch diesen kontinuierlichen Trainingsansatz eine hohe Intra- und Inter-Rater-Reliabilität zwischen den Teilnehmern erreicht werden kann.[228]

Bevor das Global Trigger Tool von den Reviewern angewendet wird, sollte das Team das IHI-Whitepaper („IHI Global Trigger Tool for Measuring Adverese Events") gelesen und verstanden haben. Im Anschluss daran sollte das Team die fünf im White Paper bereitgestellten beispielhaften Patientenakten durcharbeiten, ohne dabei auf die beigefügten Antworten zu achten. Danach erfolgt mit einem erfahrenen Reviewer oder auch Supervisor eine Diskussion und Überprüfung der Übungsakten sowie der wichtigsten Lernaspekte. Ein Austausch bezüglich der Anwendung des GTT mit anderen Krankenhausteams, die dieses bereits verwenden, wird ebenfalls als vorteilhaft angesehen.[229]

Grundsätzlich sollten für jeden Erstprüfer alle zwei Wochen mindestens drei Stunden für die Anwendung des Global Trigger Tools zur Verfügung stehen. Der Arzt sollte alle zwei Wochen für etwa 30 Minuten freigestellt werden.[230]

Ein Review-Team kann aus internen oder externen Prüfern bestehen. Im ersten Fall würde es sich um krankenhauseigenes Personal handeln. Externe Reviewer wären klinische Mitarbeiter, die nicht mit der Organisation in Verbindung stehen, deren Daten analysiert werden.[231] In einigen Studien wird darauf hingewiesen, dass interne Review-Teams eine höhere Inter-Rater-Reliabilität aufweisen als externe Teams.[232]

Auswahl der Patientenakten: Das IHI Global Trigger Tool ist so konzipiert, dass im Laufe der Zeit stichprobenhaft zufällige Patientenakten gesichtet werden. Es wird empfohlen, alle zwei Wochen 10 Patientenakten aus der Gesamtheit der entlassenen erwachsenen Patienten zu entnehmen. Für den Fall, dass einige Akten die Einschlusskriterien nicht erfüllen, sollen zusätzlich zu den 10 Patientendatensätzen (zweimal im Monat) einige Patientenakten hinzugezogen werden. Es sollen jedoch nicht mehr als 20 Patientenakten überprüft werden. Auf diese Weise werden zwei Datenpunkte pro Monat erfasst und die Arbeitsbelastung kann besser verteilt werden. Daten kleiner Stichproben können stark variieren, doch durch das kontinuierliche Erfassen neuer Datensätze kann die Genauigkeit erhöht werden. Krankenhäuser, die über die erforderlichen Ressourcen verfügen, können sich auch für eine größere Stichprobengröße entscheiden. Durch die Überprüfung von

---

[227] Vgl. Griffin und Resar (2009), S. 7.

[228] Vgl. Classen et al. (2008), S. 174 ff.

[229] Vgl. Adler et al. (2008), S. 245.

[230] Vgl. Griffin und Resar (2009), S. 25.

[231] Vgl. Doupi et al. (2013), S. 36.

[232] Vgl. Landrigan et al. (2010), S. 2126.

mehr als 40 Datensätzen pro Monat wird jedoch nur ein geringer zusätzlicher Nutzen erzielt.[233]

Bei der Auswahl der Patientenakten sollte darauf geachtet werden, dass der letzte Akteneintrag mindestens 30 Tage alt ist, da die „Wiederaufnahme innerhalb von 30 Tagen" einen Trigger darstellt. Die Patienten sollten 18 Jahre oder älter gewesen sein, da sich die Trigger auf erwachsene Patienten beziehen. Zudem sollten die Patienten ins Krankenhaus eingewiesen worden sein und mindestens 24 Stunden stationär im Krankenhaus gelegen haben. Ausgenommen sind stationäre psychiatrische Patienten und Rehabilitationspatienten, da für diese Patientengruppe keine Trigger formuliert wurden.[234]

Die Auswahl der Patientenakten sollte randomisiert stattfinden. Eine Empfehlung des IHI lautet, eine Zahl zwischen 1 und 9 auszuwählen und die Patientenakte zu nutzen, welche mit der Zahl endet. Im Zuge der Digitalisierung kann dieser Schritt von Computern übernommen werden, es kann zum Beispiel ein Randomizer-Programm verwendet werden, welches speziell für medizinische Studien entwickelt wurde.[235, 236]

Review-Prozess: Die beiden Erstprüfer sollten alle Datensätze unabhängig voneinander überprüfen. Während der Überprüfung sollte der Arzt zur Verfügung stehen, um eventuell auftretende Fragen zu beantworten.[237]

Das IHI Global Trigger Tool umfasst sechs Trigger-Module. Vier der Module wurden entwickelt, um unerwünschte Ereignisse zu identifizieren, die häufig auf speziellen Stationen auftreten. Die beiden anderen Module wurden gestaltet, um unerwünschte Ereignisse zu entdecken, die überall im Krankenhaus auftreten können. Die Trigger-Module lauten: Cares, Medication, Surgical, Intensive Care, Perinatal, Emergency Department. Bei der Überprüfung sollte in allen Krankenakten nach Triggern der ersten beiden Module (Cares und Medication) gesucht werden. Diese Trigger werden in Tab. 2.3 dargestellt. Die übrigen vier Module sollten nur angewendet werden, wenn die Beschreibung des Trigger-Moduls auf die Inhalte der Patientenakte zutrifft, wenn ein Patient beispielsweise während des Aufenthaltes einen chirurgischen Eingriff hatte.[238] Das White Paper des IHI enthält eine Auflistung aller im IHI Global Trigger Tool enthaltenen Trigger. Darin werden die einzelnen Trigger beschrieben und Hinweise gegeben, die bei der Einschätzung, ob es sich um ein unerwünschtes Ereignis handelt, beachtet werden sollten.

Bei der Suche nach Triggern sollte die Patientenakte nicht komplett gelesen werden. Ein strukturiertes Vorgehen bei der Durchsicht wird empfohlen. Dabei sollte vor allem das

---

[233] Vgl. Griffin und Resar (2009), S. 8.

[234] Vgl. Griffin und Resar (2009), S. 8.

[235] Vgl. Doupi et al. (2015), S. 49.

[236] Vgl. Euteneier (2015), S. 564.

[237] Vgl. Griffin und Resar (2009), S. 9.

[238] Vgl. Griffin und Resar (2009), S. 9

Tab. 2.3: Auflistung der Trigger der Module Care und Medical (eigene Darstellung)

Nr.	Cares Module Triggers[1]	Medication Module Triggers[2]
01	Transfusion or use of blood products	Clostridium difficile positive stool
02	Code/arrest/rapid response team	Partial thromboplastin time greater than 100 seconds
03	Acute dialysis	International Normalized Ratio (INR) greater than 6
04	Positive blood culture	Glucose less than 50 mg/dl
05	X-ray or Doppler studies for emboli or DVT	Rising BUN or serum creatinine greater than 2 times baseline
06	Decrease of greater than 25 % in hemoglobin or hematocrit	Vitamine K administration
07	Patient fall	Benadryl (Diphenhydramine) use
08	Pressure ulcers	Romazicon (Flumazenil) use
09	Readmission within 30 days	Naloxone (Narcan) use
10	Restraint use	Anti-emetic use
11	Healthcare-associated infection	Over-sedation/hypotension
12	In-hospital stroke	Abrupt medication stop
13	Transfer to higher level of care	Other
14	Any procedure complication	
15	Other	

[1]Vgl. Griffin und Resar (2009), S. 37
[2]Vgl. Griffin und Resar (2009), S. 37

zeitliche Limit von 20 Minuten pro Akte beachtet werden. Dieses Limit gilt unabhängig davon, wie umfassend die Krankengeschichte ist. Es sei unwahrscheinlich, dass in einem großen Datensatz alle Ereignisse entdeckt werden. Zu beachten ist, dass das Global Trigger Tool nicht das Ziel hat, jedes einzelne unerwünschte Ereignis in einem Datensatz zu identifizieren, sondern einzig einen repräsentativen Ausschnitt aufzuzeigen. Eine längere Bearbeitungszeit pro Akte liefere nach Angaben der Autoren Frances Griffin und Roger Resar jedoch kaum bessere Resultate. Um innerhalb der Zeit möglichst viele unerwünschte Ereignisse zu finden, haben erfahrene Reviewer eine Liste erstellt, welche die Priorität bestimmter Aspekte der Akte darlegt.

Die Erstprüfer sollten folgendes Schema bei der Prüfung der Daten einhalten:[239]

- Entlassungscodes, spezielle Infektionen, Komplikationen oder bestimmte Diagnosen
- Epikrise (vor allem die Beurteilung und Behandlung)
- Medikations(zeit)plan
- Laborergebnisse
- Anordnungen des überweisenden Arztes
- OP-Dokumentation (inkl. Anästhesieprotokoll)
- Aufzeichnungen der Pflege

---

[239]Vgl. Griffin und Resar (2009), S. 10.

• Aufzeichnungen der Ärzte über den Fortschritt
• Wenn noch Zeit ist, können die anderen Dokumente auch gesichtet werden

Ein während des Sichtens entdeckter Trigger wird als positiver Trigger bezeichnet. Er deutet darauf hin, dass ein Patientenschaden vorliegen könnte. Wenn ein Trigger entdeckt wird, sollte der entsprechende Teil der Akte noch einmal ausführlich betrachtet werden. Dazu zählen Dokumente über den Fortschritt des Patienten und Anordnungen, die zeitlich in unmittelbarer Nähe zum Auftreten des Auslösers dokumentiert wurden. Es kann auch vorkommen, dass trotz eines positiven Triggers kein unerwünschtes Ereignis aufgetreten ist. Es ist aber auch möglich, dass die Prüfer ein unerwünschtes Ereignis ohne vorherige Trigger entdecken. In diesem Fall sollte das Ereignis berücksichtigt werden, unabhängig davon, ob ein Trigger auf das unerwünschte Ereignis hingedeutet hat. Bei der Einschätzung eines unerwünschten Ereignisses sollte die Sicht des Patienten eingenommen werden und folgende Aspekte berücksichtigt werden: Wären Sie erfreut, wenn Ihnen das Ereignis zustieße? War das Ereignis Teil des natürlichen Fortschreitens des Krankheitsprozesses oder ist zusätzlich eine Komplikation bei der Behandlung aufgetreten? Um als unerwünschtes Ereignis eingestuft zu werden, muss der festgestellte Schaden das Ergebnis einer medizinischen Behandlung sein. Ein unerwünschtes Ereignis, das bereits bei der Aufnahme in das Krankenhaus vorlag, muss ebenfalls einbezogen werden, sofern es der Definition entspricht. War das Ereignis ein beabsichtigtes Ergebnis der Behandlung, beispielsweise eine OP-Narbe? Wenn ja, wird dies nicht als Schaden angesehen. Zudem werden psychologische Schäden nicht als unerwünschtes Ereignis eingestuft.[240]

Bei der Klassifizierung von unerwünschten Ereignissen verwendet das IHI eine angepasste Version des „Index for Categorizing Medication Errors", welches vom „National Coordinating Council for Medication Error Reporting and Prevention" (NCC MERP) entwickelt wurde. Das GTT verwendet ausschließlich die Kategorien E bis I des NCC MERP-Index, da diese Kategorien einen Schaden beschreiben.[241] Die Schadenskategorien sind folgendermaßen definiert:[242]

Kategorie E: Vorübergehender Patientenschaden, der eine Intervention erfordert
Kategorie F: Vorübergehender Patientenschaden, der einen Krankenhausaufenthalt oder eine Verlängerung des Krankenhausaufenthaltes erfordert
Kategorie G: Dauerhafter Patientenschaden
Kategorie H: Patientenschaden, der eine Intervention erfordert, um das Leben zu erhalten
Kategorie I: Patientenschaden, der zum Tod des Patienten beigetragen hat

Bei der Durchsicht der Akten sollten die Erstprüfer Informationen zu den Ereignissen notieren. Dazu dient das vom IHI bereitgestellte Arbeitsblatt „IHI Global Trigger Tool for

---

[240] Vgl. Griffin und Resar (2009), S. 11.
[241] Vgl. Griffin und Resar (2009), S. 5 f.
[242] Vgl. National Coordinating Council for Medication Error Reporting and Prevention (2001), S. 1.

Measuring Adverse Events Worksheet".[243] Auf diesem Arbeitsblatt sind alle Trigger der sechs Trigger-Module gelistet. Wenn ein Reviewer einen Trigger entdeckt, setzt er in das entsprechende Kästchen ein Häkchen. Identifiziert der Prüfer darüber hinaus ein mit diesem Trigger verbundenes unerwünschtes Ereignis, notiert der Prüfer in der entsprechenden Spalte eine Beschreibung und ordnet es einer Schadenskategorie zu. Finden sich zu einem unerwünschten Ereignis mehr als ein Auslöser, wird der Trigger angegeben, den der Prüfer für hauptverantwortlich erachtet.[244] Die Rückseite des Arbeitsblattes bietet Platz für Fragen und Notizen, die bei der Diskussion mit den anderen Mitgliedern des Review-Teams angesprochen werden können. Nach Abschluss ihrer separaten Überprüfung sollten sich die beiden Erstprüfer treffen, um die Ergebnisse zu vergleichen und zu einem übereinstimmenden Ergebnis zu kommen, welches sie auf dem „IHI Global Trigger Tool Review Summary Sheet" festhalten.[245] Anschließend sollte der Supervisor zusammen mit den beiden Erstprüfern die Ergebnisse überprüfen und eine endgültige Entscheidung über Art, Anzahl und Schwere der Ereignisse treffen. Der Arzt geht dabei nicht die einzelnen Patientenakten durch, sondern nur die Zusammenfassung. Einzelne Arbeitsblätter, Notizen und Patientenakten sollten, falls erforderlich, verfügbar sein. Bei der Besprechung kann es gegebenenfalls zu Anpassungen kommen, denn der Arzt hat als Schiedsrichter das letzte Wort.[246] Anhand von Abb. 2.9 soll der Ablauf des GTT-Review-Prozesses vereinfacht dargestellt werden.

Die abschließende Beurteilung der überprüften Patientenakten bietet großes Lernpotenzial. Dies könnte jedoch erweitert werden, wenn die aus der Diskussion resultierenden Erkenntnisse und die Begründung der endgültigen Entscheidungen dokumentiert und als zukünftige Referenz bereitgestellt würden.[247]

Darstellung der Daten: Die Darstellung der gesammelten Daten kann auf drei verschiedene Art und Weisen erfolgen:

* Unerwünschte Ereignisse pro 1000 Patiententage
* Unerwünschte Ereignisse pro 100 Aufnahmen
* Prozentsatz der Aufnahmen mit einem unerwünschten Ereignis

Die Variante „Unerwünschte Ereignisse pro 1000 Patiententage" ist die traditionelle Darstellungsform und wird empfohlen, um die Schadensrate im Zeitverlauf zu verfolgen. Dabei werden die unerwünschten Ereignisse pro 1000 Patiententage auf der Ordinate abgebildet und die Zeit in zweiwöchigen Schritten auf der Abszisse. Um die unerwünschten

---

[243] Griffin und Resar (2009), S. 37.

[244] Vgl. Euteneier (2015), S. 564.

[245] Griffin und Resar (2009), S. 38.

[246] Vgl. Griffin und Resar (2009), S. 11 f.

[247] Vgl. Doupi et al. (2015), S. 51.

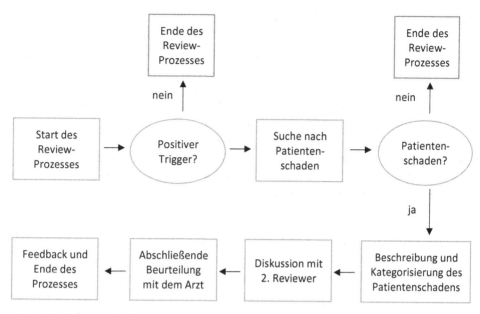

Abb. 2.9 Schematische Darstellung des Review-Prozesses des Global Trigger Tools (eigene Darstellung)

Ereignisse pro 1000 Patiententage zu erhalten, wird die Gesamtzahl der Patientenschäden durch die Summe der Behandlungstage aller gesichteten Patientenakten (Liegetage aus allen Krankenakten der Stichprobe) dividiert und mit 1000 multipliziert.[248]

„Unerwünschte Ereignisse pro 100 Aufnahmen" ist eine ähnliche Darstellungsform. Dabei wird die Gesamtzahl der Patientenschäden durch die Gesamtzahl der untersuchten Patientenakten dividiert und mit 100 multipliziert. Dieses Ergebnis wird auf der Ordinate abgebildet und die Zeit in zweiwöchigen Schritten auf der Abszisse.[249]

Zusätzlich zu diesen ersten beiden Darstellungen sollte das Review-Team die Anzahl unerwünschter Ereignisse (Ordinate) pro Schadenskategorien (Abszisse) in einem Balkendiagramm darstellen. Dabei sollte angegeben werden wie viele unerwünschte Ereignisse in wie vielen Patientenakten in welchem Zeitabschnitt berücksichtigt wurden (beispielsweise 48 unerwünschte Ereignisse bei 100 Patienten über 5 Monate).[250]

Bei der dritten Variante „Prozentsatz der Aufnahmen mit einem unerwünschten Ereignis" wird die Gesamtzahl der untersuchten Patientenakten mit ausschließlich einem unerwünschten Ereignis durch die Gesamtzahl der untersuchten Akten dividiert und mit 100 multipliziert. Dies ist eine komfortable Möglichkeit die Ergebnisse zu präsentieren. Es ist jedoch zu beachten, dass die Anzahl der unerwünschten Ereignisse verringert wird, da einige Patienten mehr als ein unerwünschtes Ereignis während ihres Aufenthaltes erleben.

---

[248] Vgl. Griffin und Resar (2009), S. 38.
[249] Vgl. Griffin und Resar (2009), S. 38.
[250] Vgl. Griffin und Resar (2009), S. 14.

Dieser Wert ist geeignet, Informationen leicht verständlich zu präsentieren, er ist aber weniger empfindlich für Verbesserung als die beiden vorherigen Messwerte.[251]

Eine Datensammlung mehrerer US-Krankenhäuser ergab folgende Durchschnittswerte, welche als Referenzwerte, jedoch nichts als Benchmark, herangezogen werden können: 90 unerwünschte Ereignisse pro 1000 Behandlungstage oder 40 unerwünschte Ereignisse pro 100 Aufnahmen und etwa 30–35 % aller Aufnahmen erleben ein unerwünschtes Ereignis.[252, 253]

Feedback und Evaluation: Die Ergebnisse, die sich aus der Nutzung des GTT ergeben, sollten den Mitarbeitern des gesamten Krankenhauses mitgeteilt werden. In einigen Fällen sollten sie auch an kooperierende Partnerorganisationen verbreitet werden, wie zum Beispiel Arztpraxen, andere Krankenhäuser oder Langzeitpflegeeinrichtungen. Dies sollte vor allem dann praktiziert werden, wenn Patienten, die bereits vor der Aufnahme ein unerwünschtes Ereignis erlitten haben, vorher in der kontaktierten Organisation behandelt wurden.[254] Auf diese Weise kann die Patientensicherheit verbessert werden, auch wenn die Ereignisse nicht aus der Krankenhausbehandlung selbst resultieren.[255]

Klinische Führungskräfte können die Informationen über die Vermeidbarkeit und die Folgen unerwünschter Ereignisse zum Schutz der Patienten nutzen. Darüber hinaus können sie als Evidenz zur Verbesserung der Gesundheitsorganisation[256] und als Entscheidungshilfe für einen zielgerichteten Einsatz von Verbesserungsmaßnahmen herangezogen werden.[257]

Außerdem wird in einer Studie, welche von zwei Mitentwicklern des Global Trigger Tools verfasst wurde, die Empfehlung ausgesprochen, ein Feedback-System zu entwickeln. Auf diese Weise könnten die Ergebnisse des Global Trigger Tools für Qualitätsverbesserungsmaßnahmen und Vorstandsberichte verwendet werden.[258]

Bedeutung des Global Trigger Tools für das klinische Risikomanagement
Durch den Einsatz des Global Trigger Tools im Rahmen des klinischen Risikomanagements kann eine Verlaufskontrolle bezüglich des Auftretens von Patientenschädigungen innerhalb eines bestimmten Zeitraumes erfolgen. Zudem kann bei längerer Anwendung der Erfolg von risikopräventiven Maßnahmen anhand der Reduktion der Häufigkeiten unerwünschter Ereignisse gemessen werden. Dies lässt sich sowohl numerisch als auch gra-

---

[251] Vgl. Griffin und Resar (2009), S. 38.

[252] Vgl. The Health Foundation (2010), S. 8.

[253] Vgl. Griffin und Resar (2009), S. 30.

[254] Vgl. Doupi et al. (2013), S. 46.

[255] Vgl. Griffin und Resar (2009), S. 11.

[256] Vgl. Gunningberg et al. (2019), S. 25.

[257] Vgl. Herold (2013), S. 5.

[258] Vgl. Adler et al. (2008), S. 246.

fisch darstellen.[259] Mit dem GTT können obendrein Ereignisse entdeckt werden, die nicht einer Anspruchsstellung oder Schadensklage entstammen. Denn in einigen Fällen wurde ein unerwünschtes Ereignis allein im Rahmen einer Patientenaktenüberprüfung identifiziert, vom Patienten selbst und auch dem Personal wurde es jedoch nicht als solches wahrgenommen. Diese unentdeckten Ereignisse können beim Krankenhauspersonal die Motivation wecken, die Behandlung der Patienten und damit auch die Patientensicherheit zu verbessern.[260]

2.3.3 Kritischer Vergleich Critical Incident Reporting System und Global Trigger Tool

Zur Beantwortung der dritten Forschungsfrage wird ein Vergleich der beiden vorgestellten Systeme angestellt. Im Anschluss daran werden die Stärken und Schwächen sowohl des CIRS als auch des Global Trigger Tools erläutert.

Folgende Vergleichskriterien wurden, basierend auf der ausgewerteten Literatur, herangezogen:

- Definition der Ereignisse, die entdeckt/gemeldet werden
- Methodik
- Auswertung
- Aussagekraft beziehungsweise Lerneffekt
- Weiterentwicklung durch Digitalisierung
- Grundsätze

Bei dem Vergleich der beiden Systeme lassen sich einige Unterschiede feststellen. Einer besteht darin, welche Art von *Ereignissen* mithilfe der beiden Verfahren erfasst werden sollen. Zu den Ereignissen, die im CIRS berichtet werden können, zählen, laut der Empfehlung des Aktionsbündnis Patientensicherheit, „alle Fehler, Risiken, kritischen Ereignisse und Beinahe-Schäden in der Versorgung der Patienten […], wenn zum Zeitpunkt des Berichtens kein Schaden des Patienten"[261] vorhanden war. Es werden demnach ausschließlich Beinaheereignisse erfasst, jedoch keine Patientenschäden. Das Global Trigger Tool setzt genau an dieser Stellen an. Mit dem GTT sollen Patientenschäden, die aus der allgemeinen und speziellen Behandlung resultieren, identifiziert werden, unabhängig davon, ob diese bereits bei der Aufnahme vorhanden waren. Das IHI definiert einen „Patientenschaden" wie folgt: *„unintended physical injury resulting from or contributed to by medical care that requires additional monitoring, treatment or hospitalization, or that results in*

[259] Vgl. Griffin und Classen (2008), S. 257.
[260] Vgl. Herold (2013), S. 5.
[261] Aktionsbündnis Patientensicherheit (2016), S. 7.

death."[262] Es werden Schäden der Schadenskategorien E (vorübergehender Patientenschaden, der eine Intervention erfordert) bis I (Patientenschaden, der zum Tod des Patienten
beigetragen hat) eingeschlossen.[263] Ausgeschlossen werden demnach Ereignisse, die einen
Schaden hätten verursachen können oder Fehler, die sich ereignet haben, aber keinen Patientenschaden auslösten. Und obwohl unerwünschte Ereignisse aufgrund von minderwertiger Pflege oft auftreten und bei der Qualitätsverbesserung im Krankenhaus beachtet werden sollten, werden diese bei der Verwendung des GTT nicht eingeschlossen.[264]

Bei beiden Systemen ist der Faktor „Vermeidbarkeit" kein Ausschlusskriterium. Bei
der Meldung eines Ereignisses im CIRS ist die Angabe, ob dieses vermeidbar gewesen ist,
freiwillig.[265] Ein Ereignis wird aufgrund dieser Angabe nicht ausgeschlossen.[266] Das IHI
ist der Auffassung, dass die Präventionsfähigkeit eines unerwünschten Ereignisses kein
Ausschlusskriterium darstellen sollte. Dies wird damit begründet, dass die Vermeidbarkeit
durch den Fortschritt der Medizin beeinflusst werden kann.[267]

In Bezug auf die *Methode* bestehen einige Unterschiede. Ein CIRS, in dem unerwünschte Ereignisse durch die Mitarbeiter eines Krankenhauses gemeldet werden, ist
stark abhängig von der Meldebereitschaft und Motivation der Mitarbeiter. Darüber hinaus
besteht für das Klinikpersonal keine Verpflichtung kritische Zwischenfälle zu berichten.[268]
Die Motivation der Mitarbeiter wird unter anderem dadurch beeinflusst, ob und wie schnell
eine Rückmeldung zu dem gemeldeten Ereignis erfolgt. Im Umkehrschluss bedeutet dies,
dass das Auswertungsteam stets aktiv sein muss.[269] Da ein CIRS von diesen Faktoren abhängig ist, wird davon ausgegangen, dass lediglich 10 bis 20 Prozent der tatsächlich auf-
tretenden unerwünschten Ereignisse vom Klinikpersonal angegeben werden.[270] Das GTT
ist unabhängig davon, dass Mitarbeiter ein Ereignis melden. Bei dieser Methode werden unerwünschte Ereignisse systematisch und kontinuierlich durch ein Review-Team
erfasst.[271]

Ein weiterer Unterscheidungsaspekt besteht darin, dass in einem Fehlermeldesystem
jeder Mitarbeiter die Möglichkeit hat, Ereignisse und Risiken zu melden. Es kann demnach in einem Krankenhaus mit einer konstruktiven Fehlerkultur dazu kommen, dass viele
CIRS-Meldungen eingehen. Das CIRS-Team würde alle Meldungen analysieren, bewerten
und Maßnahmen ableiten.[272] Bei dem GTT werden zweimal im Monat je zehn Patienten-

---

[262] Griffin und Resar (2009), S. 5.

[263] Vgl. Griffin und Resar (2009), S. 11 f.

[264] Vgl. Griffin und Resar (2009), S. 5.

[265] Vgl. Osterloh (2012), S. 675.

[266] Vgl. Aktionsbündnis Patientensicherheit (2016), S. 7.

[267] Vgl. Doupi et al. (2013), S. 47 f.

[268] Vgl. Euteneier (2015), S. 606.

[269] Vgl. Maas und Güß (2014), S. 470.

[270] Vgl. The Health Foundation (2010), S. 3.

[271] Vgl. Griffin und Resar (2009), S. 8.

[272] Vgl. Aktionsbündnis Patientensicherheit (2016), S. 14 ff.

akten randomisiert ausgewählt, es wird also nur eine Stichprobe aller Patientenakten untersucht.[273] Daraus ergibt sich, dass der Arbeitsaufwand zwischen den beiden Systemen stark variieren kann. Während er beim CIRS davon abhängt, wie viele CIRS-Meldungen eingehen, ist der Arbeitsaufwand beim GTT sehr konstant.

Die Teams in Berichts- und Lernsystemen, welche die CIRS-Meldungen analysieren, können über viele Jahre konstant bleiben und Erfahrungen in der Analyse und Bewertung sammeln.[274] Im Gegensatz dazu wird beim GTT eine begrenzte Beschäftigungsdauer der Reviewer von einem Jahr empfohlen.[275] Würde diese deutlich überschritten, könnte es zu einer Desensibilisierung der Reviewer in Bezug auf die Kategorisierung unerwünschter Ereignisse kommen.[276]

Bei der Gegenüberstellung der beiden Systeme fällt weiterhin auf, dass beim CIRS allein die Ereignisse berichtet werden können, die selbst wahrgenommen oder beobachtet wurden.[277] Dagegen können beim GTT auch unerwünschte Ereignisse entdeckt werden, die keinen Anspruchsteller hatten und weder dem Klinikpersonal noch dem Patienten selbst aufgefallen sind.[278]

Eine Gemeinsamkeit in Bezug auf die Methode besteht darin, dass in beiden Systemen der Aspekt „Subjektivität" von gewisser Bedeutung ist. Beim CIRS entscheiden die Mitarbeiter selbstständig, ob Sie ein Ereignis melden, was sie schildern und wie detailliert sie dabei vorgehen. Die Entscheidung ein Ereignis zu melden, hängt davon ab, wie kritisch der Meldende das Ereignis einstuft.[279, 280] Beim GTT kann die Beurteilung, ob es sich bei einem identifizierten Trigger auch um ein unerwünschtes Ereignis handelt, in einigen Fällen eine rein subjektive Entscheidung sein.[281]

Anhand von CIRS-Meldungen werden beitragende Faktoren eines Beinahezwischenfalls vorwiegend qualitativ ausgewertet, eine statistische *Auswertung* darüber hinaus ist nur sehr eingeschränkt möglich.[282] Das Aktionsbündnis Patientensicherheit erachtet eine quantitative Auswertung von CIRS-Berichten für nicht sinnvoll.[283] Es kann somit auf Basis der CIRS-Meldungen keine Aussage bezüglich einer möglichen Verbesserung der Patientensicherheit getroffen werden. Dies ermöglicht jedoch das GTT. Mithilfe dieser Methode kann eine quantitative Auswertung zur Häufigkeit und zum Grad der Patientenschädigung vorgenommen und im Zeitverlauf dargestellt werden. Das GTT kann somit als

---

[273] Vgl. Griffin und Resar (2009), S. 8.

[274] Vgl. Aktionsbündnis Patientensicherheit (2016), S. 21 f.

[275] Vgl. Griffin und Resar (2009), S. 7

[276] Vgl. Schildmeijer et al. (2013), S. 5.

[277] Vgl. Rohe und Thomeczek (2008), S. 24.

[278] Vgl. Herold (2013), S. 5.

[279] Vgl. Gunkel et al. (2013), S. 30.

[280] Vgl. Euteneier (2015), S. 607.

[281] Vgl. Griffin und Resar (2009), S. 11.

[282] Vgl. Schmola (2016), S. 315.

[283] Vgl. Aktionsbündnis Patientensicherheit (2007), S. 27.

Messinstrument bei der Beurteilung der Patientensicherheit in einem Krankenhaus verwendet werden.[284]

Ein CIRS ermöglicht, anhand gemeldeter Ereignisse Fehlerursachen und Risikopotentiale für Behandlungsfehler zu identifizieren. Die CIRS-Berichte sowie ein Feedback können im Intranet beziehungsweise, bei einrichtungsübergreifenden CIRS, im Internet eingesehen werden. Auf diese Weise können Klinikmitarbeiter und Angestellte im Gesundheitswesen bereits durch das Lesen dieser Meldungen aus den Fehlern anderer lernen.[285] Bei der Verwendung des GTT werden Trigger in Patientenakten gesucht, die auf ein unerwünschtes Ereignis hindeuten. Es verfolgt nicht das Ziel, die Ursachen für das Auftreten dieser Ereignisse zu untersuchen oder zu beurteilen, ob ein Patientenschaden vermeidbar gewesen wäre oder nicht.[286] „Die Datenerhebungen geben […] keinen Aufschluss über tiefergehende Ursachen von menschlichen Fehlleistungen oder organisatorischer Faktoren für Fehlbehandlungen."[287]

Die fortschreitende *Digitalisierung* im Gesundheitswesen ist ein Aspekt, von dem beide Systeme profitieren können. Beim CIRS ist die Möglichkeit gegeben, das Meldeformular nicht nur in Papierform bereitzustellen, sondern auch ein elektronisches Erfassungsformular im Intranet zu hinterlegen. Auf diese Weise ist es möglich, bedeutend umfangreichere Daten zu erheben, als es bei papierbasierten Meldebögen der Fall wäre.[288] Durch die zunehmende Nutzung elektronischer Patientenakten wird auch die Verwendung einer digitalisierten Version des GTT immer realistischer. Im Bereich der GTT-Automatisierung hat Schweden die Vorreiterrolle übernommen. Am Karolinska-Universitätsklinikum wurde ein ebensolches Instrument mit dem Namen „MAG" (Modified Automated GTT) entwickelt. Das „MAG" führt die Suche nach Triggern durch und gibt detaillierte Informationen darüber, wo sich diese in den einzelnen Patientenakten befinden, wodurch eine spätere eingehende Überprüfung erleichtert wird.[289] Auch in den USA wurde eine automatisierte Erfassung von Triggern nach dem Vorbild des IHI Global Trigger Tools entwickelt. „Das »Automated Adverse Event Monitoring Program (AAEMP)« ermöglicht die Erfassung und Meldung von Triggern in Echtzeit über eine gesamte Krankenhauspopulation und gestattete so ein rasches Reagieren sowie Verhindern oder Abschwächen von Patientenschäden."[290]

Ein übereinstimmender *Grundsatz* bei beiden Systemen ist die Sanktionsfreiheit.[291, 292] In beiden Fällen wird nicht das Ziel verfolgt, die Mitarbeiter für ihre Fehler zu bestrafen.

---

[284] Vgl. Mattsson et al. (2013), S. 571.

[285] Vgl. Schmola (2016), S. 311 ff.

[286] Vgl. Glitsch und Schreiber (2013), S. 175.

[287] Herold (2013), S. 5.

[288] Vgl. Paula (2017), S. 99.

[289] Vgl. Doupi et al. (2015), S. 49.

[290] Euteneier (2015), S. 565.

[291] Vgl. Aktionsbündnis Patientensicherheit (2016), S. 9.

[292] Vgl. Hartmann (2015), S. 306.

Darüber hinaus sind beide Verfahren anwenderfreundlich gestaltet. Die Plattform eines CIRS ist so aufgebaut, dass Mitarbeiter das Formular schnell und einfach ausfüllen können und die Anonymität der Meldenden gewahrt wird.[293] Das GTT ist insofern anwenderfreundlich, als die Entwickler dieses Messinstrumentes ein Whitepaper veröffentlicht haben, welches bei der Implementierung und Nutzung hilfreich sein kann. Darin sind unter anderem eine Beschreibung der Vorgehensweise, Arbeitsblätter und Übungsfälle enthalten.[294]

Beide Systeme erfordern die Unterstützung und das Engagement der Führungskräfte des Krankenhauses. Die Krankenhausleitung muss hinter dem Projekt stehen, es repräsentieren und auch finanziell unterstützen. Auf diese Weise erkennen Mitarbeiter den Zweck und den Stellenwert eines CIRS und werden in den Entwicklungsprozess hin zu einer konstruktiven, offenen Fehlerkultur eingebunden.[295] Beim GTT sind angesichts des Umfangs an Ressourcen und dem anhaltenden Aufwand sowohl für die Schulung und Einführung als auch für die regelmäßige Verwendung und Wartung des Messinstrumentes die Unterstützung und das Engagement der Führungsetage von wesentlicher Bedeutung.[296]

Abb. 2.10 verdeutlicht anhand einer Analogie zur Fischfangmethode die grundsätzliche Methodik sowohl vom CIRS als auch vom GTT. Mit dem CIRS können sehr spezifische Vorfälle und Ereignisse, die ein hohes Risiko darstellen, erfasst werden. Das GTT dagegen ist ein Instrument, mit dem große Datenmengen untersucht und so Auffälligkeiten erfasst werden können. Beide Methoden haben sowohl Stärken als auch Schwächen, welche nachfolgend dargestellt werden.

Stärken des Critical Incident Reporting Systems: Ein starkes Argument für die Nutzung eines CIRS liegt in der Beeinflussung der Fehlerkultur hin zu einer nachhaltigen Sicherheitskultur.[297] Das Risikobewusstsein der im Gesundheitswesen Tätigen kann gefördert werden, indem das Berichtssystem von der Führung unterstützt wird,[298] eine offene Kommunikation über Fehler und Beinaheschäden herrscht und Mitarbeiter den Eindruck gewinnen, dass ihre Meldungen wichtig für das Krankenhaus sind und zu Verbesserungen führen.[299, 300] Auf diese Weise wird sich eine Kultur etablieren, in der Fehler nicht mehr verheimlicht, sondern als Chance angesehen werden, aus denen gelernt werden kann.

Mit dem CIRS können Beinahezwischenfälle identifiziert, analysiert und ausgewertet werden. Die Meldungen, sowie daraus resultierende Verbesserungsmaßnahmen und Ver-

---

[293] Vgl. Aktionsbündnis Patientensicherheit (2016), S. 13.
[294] Vgl. Griffin und Resar (2009), S. 1 ff.
[295] Vgl. Wiese et al. (2011), S. 40.
[296] Vgl. Doupi (2012), S. 789.
[297] Vgl. Kuntsche und Börchers (2017), S. 417.
[298] Vgl. Kaufmann et al. (2005), S. 158.
[299] Vgl. Aktionsbündnis Patientensicherheit (2016), S. 30.
[300] Vgl. Rohe und Thomeczek (2008), S. 24.

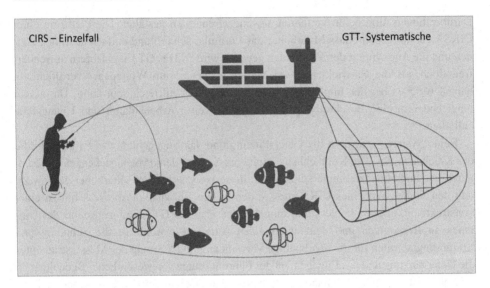

Abb. 2.10 Vergleichende Darstellung der Methode des CIRS und des GTT (eigene Darstellung, modifiziert nach Euteneier 2015)

meidungsstrategien werden anschließend im Krankenhaus kommuniziert. Schon das Lesen dieser CIRS-Meldungen bietet ein Lernpotenzial.[301] Darüber hinaus können mögliche Risiken frühzeitig erkannt und so schwerwiegende Zwischenfälle vermieden werden. Denn gemäß Heinrichs Gesetz kommen auf 300 kleine und unauffällige Beinahefehler 29 Vorfälle mit leichten bis mittelschweren Schädigungen der Betroffenen und ein Fehler mit katastrophalem Ausgang.[302] Durch die explizite Definition der zu meldenden Ereignisse können Schwächen im System erkannt werden, ohne dass Patienten geschädigt wurden.[303] Demnach kann durch eine aktive Nutzung des CIRS die Patientensicherheit erhöht werden.[304] Dieser Aspekt kann zu einem besseren Image beitragen und einen Wettbewerbsvorteil anderen Krankenhäusern gegenüber mit sich bringen.[305]

Ein weiterer Vorteil liegt darin, dass tiefgreifende Analysen, zum Beispiel durch eine Root-Cause-Analysis, chronische Schwachstellen in Prozessen und Verfahren identifizieren und so die Fehlerursachen gefunden werden können.[306, 307] Anhand dieser Ergebnisse können Maßnahmen zur Qualitätsverbesserung und Prozessoptimierung abgeleitet werden.[308]

---

[301] Vgl. Maas und Güß (2014), S. 469 f.

[302] Vgl. Hennke (2009), S. 154.

[303] Vgl. Hofinger (2009), S. 604.

[304] Vgl. Gunkel et al. (2013), S. 5.

[305] Vgl. Kolada (2011), S. 22.

[306] Vgl. Maas und Güß (2014), S. 470.

[307] Vgl. Rohe und Thomeczek (2008), S. 24.

[308] Vgl. Staender (2011), S. 211.

Einrichtungsübergreifende CIRS bieten ebenfalls einige Vorzüge. Durch die größere Anzahl an Meldungen ist die Verwaltung und Bearbeitung effizienter und kostengünstiger und die Anonymität der Meldenden kann leichter gewahrt werden. Darüber hinaus bietet ein breiter Adressatenkreis die Möglichkeit eines intensiveren Austauschs.[309] Eine weitere Stärke liegt darin, dass sehr seltene Ereignisse identifiziert werden können. Durch die Veröffentlichung im einrichtungsübergreifenden CIRS können alle beteiligten Krankenhäuser davon profitieren. Änderungen können vorgenommen werden, ohne dass dieses spezielle Ereignis in der Institution selbst aufgetreten ist.[310]

Eine systematische Bearbeitung der CIRS-Meldungen kann neben der erwähnten Steigerung der Patientensicherheit auch dazu führen, dass hohe Versicherungsbeiträge, Haftpflichtprämien und Schadenersatzklagen reduziert beziehungsweise vermieden werden können.[311]

Als weitere Stärken des CIRS werden folgende Aspekte genannt: Bei der Meldung kritischer Ereignisse werden alle Mitarbeiter eines Krankenhauses mit einbezogen und CIRS-Meldungen können Hinweise für Schulungsszenarien und Teamtrainings liefern.[312] Außerdem ist die Methode einfach anzuwenden und Ergebnisse können schnell generiert werden.[313]

Schwächen des Critical Incident Reporting Systems: Trotz der genannten Vorteile bringt das CIRS auch einige Nachteile mit sich. Ein methodischer Nachteil besteht darin, dass es sich um eine individuelle Entscheidung des Angestellten handelt, ob ein Ereignis berichtet wird.[314] Dies hängt maßgeblich von der Motivation der Mitarbeiter ab.[315] Diese wird neben einigen bereits genannten Aspekten durch den zeitlichen Faktor beeinflusst. Denn das Berichten erfordert einen zusätzlichen Zeitaufwand, in einem von Zeitdruck geprägten Arbeitsalltag.[316] Zudem ist zu beachten, dass lediglich Meldungen zu den Ereignissen eingehen können, die von den Mitarbeitern bewusst wahrgenommen, abgespeichert und für wichtig erachtet wurden. Eine detaillierte und der Wahrheit entsprechende Wiedergabe des Hergangs ist zudem nicht immer möglich.[317]

Eine weitere Schwäche dieses Systems liegt in dem „Under-Reporting", dies bezeichnet den Umstand, dass nur ein Bruchteil der tatsächlich stattfindenden Ereignisse berichtet

---

[309] Vgl. Euteneier (2015), S. 607.
[310] Vgl. Maas und Güß (2014), S. 470.
[311] Vgl. Kuntsche und Börchers (2017), S. 417.
[312] Vgl. Maas und Güß (2014), S. 470.
[313] Vgl. Klauber et al. (2014), S. 59.
[314] Vgl. Maas und Güß (2014), S. 470.
[315] Vgl. Euteneier (2015), S. 606.
[316] Vgl. Klauber et al. (2014), S. 59.
[317] Vgl. Kolada (2011), S. 21.

werden.[318] Dieser Aspekt führt dazu, dass die eingegangenen CIRS-Meldungen „nur einen kleinen Ausschnitt der Risikolandschaft [zeigen] und [...] kein umfassendes Bild möglicher Risikokonstellationen [liefern]."[319] Das „Under-Reporting" führt obendrein dazu, dass vorzugsweise seltene Ereignisse gemeldet werden und Ereignisse, die von dem Personal als unbedeutend eingestuft werden, untergehen.[320] Eine Analyse dieser Banalitäten könnte objektiv betrachtet jedoch auch zu Prozessoptimierungen und einer Qualitätssteigerung führen.

Die Verwendung eines Fehlermeldesystems ermöglicht es nicht, „reliable Aussagen zum Auftreten von [unerwünschten] Ereignissen im Verhältnis zu Behandlungstagen oder Patientenaufnahmen [pro] Jahr"[321] zu treffen. Außerdem können keine Rückschlüsse auf die konkrete Anzahl von Ereignissen gezogen werden[322] und ein eindeutiger kausaler Zusammenhang zwischen der Implementierung eines CIRS und einer Veränderung der Anzahl sicherheitsrelevanter Ereignisse besteht nicht.[323] Ein Anstieg oder Abfall von CIRS-Meldungen ist lediglich ein Indiz für die Akzeptanz des Fehlermeldesystems."[324]

Aus dem positiven Aspekt, dass die Anonymität der Mitarbeiter gewahrt wird, resultiert ein weiterer methodischer Nachteil. Aus diesem Grund kann kein Kontakt mit dem Meldenden aufgenommen und zusätzliche Informationen über den Hergang des Ereignisses können nicht eingeholt werden. Eine ausführliche Ursachenanalyse kann daher in einigen Fällen nicht erfolgen.[325]

Die Anonymisierung und Analyse der CIRS-Meldungen sowie die anschließende Initiierung und Evaluation von Verbesserungsmaßnahmen erfordert einen hohen personellen und zeitlichen Arbeitsaufwand.[326] Die reine Bereitstellung oder Einführung von Fehlermeldesystemen hat keinen Einfluss auf die Qualität der Behandlung und den Ablauf der Prozesse. Nur lebendige Berichtssysteme und dazu gehört auch, dass ein Auswertungsteam fortlaufend aktiv sein muss,[327] können die Sicherheitskultur stärken und zu einer Erhöhung der Patientensicherheit führen.[328]

Eine Zweckentfremdung des CIRS stellt eine potenzielle Gefahr dar. Meldungen können missbräuchlich verwendet werden, um andere Berufsgruppen oder Kollegen zu diffamieren oder um persönliche Probleme anzusprechen.[329] Ebenso werden Schadenmeldun-

---

[318] Vgl. Aktionsbündnis Patientensicherheit (2007), S. 27.

[319] Vgl. Euteneier (2015), S. 606.

[320] Vgl. Kolada (2011), S. 22.

[321] Herold (2013), S. 2.

[322] Vgl. Maas und Güß (2014), S. 470.

[323] Vgl. Rohe und Thomeczek (2008), S. 24.

[324] Vgl. Paula (2017), S. 98.

[325] Vgl. Euteneier (2015), S. 606.

[326] Vgl. Maas und Güß (2014), S. 470.

[327] Vgl. Maas und Güß (2014), S. 470.

[328] Vgl. Rohe und Thomeczek (2008), S. 24.

[329] Vgl. Kolada (2011), S. 22.

gen und Hinweise auf Personalmangel und zu hohen Zeitdruck in das CIRS eingegeben. Der Umgang mit derartigen Meldungen sollte vorab geregelt und den Mitarbeitern mitgeteilt werden. Diese Berichte sollten aufgrund des möglichen Verbesserungspotenzials dennoch einbezogen und vom Risikomanagement aufgearbeitet werden.[330]

Stärken des Global Trigger Tools: Die Nutzung einer vollständig oder partiell automatisierten Version des GTT wird als besonders vorteilhaft angesehen. Dazu muss das bestehende IT-System entsprechende Suchalgorithmen ermöglichen und eine Vernetzung mit der elektronischen Patientenakte erfolgen. Der klare Vorteil eines automatisierten Trigger Tools besteht darin, dass „auf ein nachteiliges Sicherheitsereignis eines Patienten […] [reagiert werden kann], bevor es den Patienten schädigt oder sogar, bevor es geschieht."[331] Im Idealfall könnten in Echtzeit Warnmeldungen ausgegeben werden, um unerwünschte Ereignisse zu mildern, bevor sie sich ereignen. Zum Beispiel könnte ein Anstieg des Serumkreatinins, der sich aber noch im Normbereich befindet, durch einen computerbasierten, vorprogrammierten „Trigger" identifiziert werden, bevor ein ausgedehnter Nierenschaden eintritt.[332]

Außerdem kann der Aufwand des manuellen Sichtens von Patientenakten durch die Automatisierung des GTT bedeutend gesenkt und die Wirksamkeit des Instruments erhöht werden.[333]

In Finnland wurde eine Studie durchgeführt, die untersucht hat, ob mithilfe von Text Mining[334] genau die gleichen Trigger entdeckt werden, wie bei einer manuellen Überprüfung von elektronischen Patientenakten. Das Studienteam kam zu dem Schluss, dass mit dem Text Mining Tool Trigger gefunden werden können und es dabei weniger zeit- und arbeitsaufwändig ist als die herkömmliche manuelle Methode.[335] Auf diese Weise können die Kosten für die Überprüfung gesenkt werden und das Tool kann einfacher anderen Stationen, Fachrichtungen oder Krankenhäusern zugänglich gemacht werden.[336] Es zeigte sich auch, dass eine strukturierte Überprüfung der Hinweise, wenn sie von geschultem Personal durchgeführt wird, zuverlässig unerwünschte Ereignisse erkennt.[337]

Die traditionelle Methode des GTT bietet ebenso eine Vielzahl an Vorteilen. Bei dem GTT handelt es sich um eine praktische und benutzerfreundliche Methode, die sich pro-

---

[330] Vgl. Aktionsbündnis Patientensicherheit (2016), S. 17 f.

[331] Euteneier (2015), S. 565.

[332] Vgl. Sharek et al. (2006), S. 1339.

[333] Vgl. Euteneier (2015), S. 565 f.

[334] Algorithmus-basiertes Analyseverfahren zur Entdeckung von Bedeutungsstrukturen aus schwachstrukturierten Textdaten. (https://de.wikipedia.org/wiki/Text_Mining).

[335] Vgl. Doupi et al. (2015), S. 50.

[336] Vgl. Classen et al. (2011), S. 586.

[337] Vgl. Doupi et al. (2015), S. 50.

blemlos in den klinischen Alltag integrieren lässt.[338] Die Häufigkeit unerwünschter Ereignisse lässt sich im Zeitverlauf darstellen und ein Eindruck über den Status quo der Patientensicherheit kann gewonnen werden. Darüber hinaus kann Verbesserungspotenzial in den Bereichen identifiziert werden, in denen sich unerwünschte Ereignisse besonders häufen.[339] Die Möglichkeit, die Auswirkungen von Verbesserungsmaßnahmen im Rahmen des Risikocontrollings evaluieren zu können, wird ebenfalls als Stärke des Messinstruments genannt.[340]

Eine weitere Stärke dieser Methode resultiert aus der Tatsache, dass das medizinische Personal aktiv in die Qualitätssicherung des Krankenhauses einbezogen wird. Die Kommunikation mit den Mitarbeitern, die als Reviewer tätig sind, und das Feedback der Geschäftsführung über die Ergebnisse der Evaluation können dafür sorgen, dass Angestellte des Krankenhauses sensibler auf Warnsignale im medizinischen Alltag reagieren.[341]

An dieser Stelle ist erneut darauf hinzuweisen, dass das GTT unerwünschte Ereignisse erkennt, die vom Patienten selbst und auch dem medizinischen Personal nicht als Schaden wahrgenommen wurden.[342] Zudem wird in einigen Studien aus den USA darauf hingewiesen, dass das GTT, im Vergleich zu anderen Erkennungsmethoden wie freiwilligen Meldesystemen, eine größere Anzahl unerwünschter Ereignisse entdeckt.[343] Dieser Unterschied kann der breiten Definition der unerwünschten Ereignisse zugeschrieben werden, die vom GTT verwendet wurde.[344]

Einen weiteren Vorteil liefern internationale Studiendaten, die aussagen, „dass das vom Institute for Healthcare Improvement (IHI) publizierte Global Trigger Tool for Measuring Adverse Events (GTT) eine geeignete Methode ist, um unerwünschte Ereignisse mit hoher Spezifität, [und] ausreichender Sensitivität [...] zu erheben."[345] Des Weiteren zeigte sich eine hohe Inter-Rater-Reliabilität, insbesondere mit geschulten Reviewern und eine signifikant verbesserte Reliabilität in Bezug auf die Einstufung des Schweregrades unerwünschter Ereignisse.[346]

Schwächen des Global Trigger Tools: Eine Einschränkung des GTT, die eng mit der Definition eines unerwünschten Ereignisses zusammenhängt, ist die Gleichbehandlung von Ereignissen, die hätten verhindert werden können und Ereignisse, die völlig unvermeidbar waren. Darüber hinaus werden Beinahezwischenfälle sowie Fehler aufgrund minderwertiger Pflege explizit ausgeschlossen. Dabei handelt es sich jedoch um wichtige

---

[338] Vgl. Griffin und Classen (2008), S. 257.

[339] Vgl. Hartmann (2015), S. 310.

[340] Vgl. Euteneier (2015), S. 565 f.

[341] Vgl. Hibbert et al. (2016), S. 647.

[342] Vgl. Herold (2013), S. 5.

[343] Vgl. Doupi et al. (2013), S. 46.

[344] Vgl. Doupi et al. (2013), S. 46.

[345] Hoffmann-Völkl et al. (2018), S. 38.

[346] Vgl. Classen et al. (2008), S. 174

Lernquellen, um unerwünschte Ereignisse zu vermeiden.[347] Um dies zu erreichen, sollten aus kritischen Ereignissen jedoch auch Konsequenzen abgeleitet werden. Das GTT liefert aber nicht die Informationen, die dafür von zentraler Bedeutung wären, wie zum Beispiel: Was ist schiefgelaufen und warum? War das Ereignis vermeidbar und wenn ja, was wurde unternommen, um den Schaden zu verhindern oder zu begrenzen?[348]

Einige Krankenhäuser berichteten, dass Änderungen im Ablauf der Überprüfung vorgenommen und Vorgaben aus dem IHI White Paper umgangen wurden. Die Definitionen des IHI und die des klinischen Personals stimmten mitunter nicht überein. Denn Organisationen, die das GTT implementieren, haben sich oft dazu entschlossen, die Methode um den Aspekt der Vermeidbarkeit des Ereignisses zu ergänzen.[349] Im White Paper heißt es weiter, dass die beiden Reviewer dieselben Datensätze getrennt voneinander überprüfen und dann einen Konsens erzielen sollen. Stattdessen wurde berichtet, dass die Patientenakten untereinander aufgeteilt wurden, um nur die Hälfte der Datenmenge bearbeiten zu müssen. Zusätzlich wurde vereinzelt angegeben, dass es schwierig war, sich bei der Suche nach möglichen Schäden auf die Trigger aus der Tabelle zu beschränken, wenn sie andere Auffälligkeiten in den Patientenakten fanden. Dies führte dazu, dass sie die Methode für andere Zwecke verwendeten, als ursprünglich vorgesehen.[350] Diese Unterschiede im Gebrauch des GTT könnten ebenfalls Gründe sein, warum dies nicht als Benchmarking-Instrument verwendet werden soll.

Obwohl die hohe Inter-Rater-Reliabilität des GTT in einigen Studien positiv hervorgehoben wurde, kritisieren andere diese aufgrund folgender Beobachtung. Review-Teams, welche die gleichen Patientenakten untersuchten, identifizierten unterschiedliche unerwünschte Ereignisse. Auch wenn dieselben Ereignisse identifiziert wurden, war die Einstufung in die Schadenskategorien nicht übereinstimmend.[351]

Ein weiterer Kritikpunkt ist die Subjektivität, die bei der Bewertung der Trigger einfließt und bei der anschließenden Einschätzung, ob dieser Auslöser auf einen Patientenschaden hindeutet. Des Weiteren wird beschrieben, dass es bei der Überprüfung von Patientenakten der eigenen Abteilung schwierig sei, die Objektivität und Distanz zu wahren.[352] Reviewer sprachen auch die Befürchtung aus, zu lange als Prüfer tätig zu sein und in Folge dessen eine höhere Toleranz gegenüber unerwünschten Ereignissen oder unzureichender Pflege zu erlangen.[353]

Es wird außerdem dargestellt, dass das GTT einen beträchtlichen Umfang an Ressourcen und zeitlichem Aufwand erfordere. Ressourcen für die Einführung und Anpassung an

[347] Vgl. Doupi et al. (2015), S. 51.
[348] Vgl. Doupi et al. (2013), S. 80.
[349] Vgl. Doupi et al. (2013), S. 80.
[350] Vgl. Schildmeijer et al. (2013), S. 4.
[351] Vgl. Mattsson et al. (2013), S. 578.
[352] Vgl. Hartmann (2015), S. 309.
[353] Vgl. Schildmeijer et al. (2013), S. 5.

das krankenhauseigene System, für die Schulung der Reviewer und das Anlernen neuen Personals, für die Wartung und nicht zuletzt für die Freistellung der Mitarbeiter während der Sichtung und Nachbesprechung.[354]

Die Zuverlässigkeit der Methode als Indikator für die Patientensicherheit in einem Unternehmen hängt direkt von der Qualität der Dokumentationspraxis ab. Wenn die erforderlichen Daten nicht in der Patientenakte enthalten, nicht ausreichend beschrieben oder nicht lesbar sind, werden sie während der Überprüfung nicht gefunden. In ähnlicher Weise hängt der Erfolg eines automatisierten GTT auch von der Vollständigkeit und Genauigkeit der Dokumentation in der elektronischen Patientenakte ab.[355]

Ein weiteres Problem geht mit einer möglichen Veränderung oder Verbesserung der Detektionsrate von Reviewern einher. Selbst wenn die Dokumentationsqualität auf einem Niveau bleibt, kann die Fähigkeit der Reviewer, bestimmte unerwünschte Ereignisse zu erkennen, mit der Zeit zunehmen. Wenn dies der Fall wäre, würde die mit der Methode gemessene Veränderung der Patientensicherheit möglicherweise nichts anderes widerspiegeln als den Prozess der „Reife" des Prüfers.[356]

2.4   Fazit

Das Ziel des Kapitels war es, den Status quo der Risikomanagement-Instrumente Critical Incident Reporting System und Global Trigger Tool darzustellen. In einem weiteren Schritt sollten anhand eines Vergleichs der beiden Methoden die Gemeinsamkeiten und Unterschiede sowie die Stärken und Schwächen abgeleitet werden. Zu diesem Zweck wurde eine systematische Literaturrecherche zum aktuellen Forschungsstand durchgeführt.

In den letzten Jahren wurden beträchtliche Anstrengungen unternommen, um Fehler bei der Behandlung von Patienten zu reduzieren und die Patientensicherheit zu verbessern. Zu diesem Zweck wurde Ende 2015 ein Gesetz verabschiedet, das die Implementierung eines Fehlermeldesystems in deutschen Krankenhäusern gesetzlich vorschreibt und eine aktive Beteiligung an einrichtungsübergreifenden CIRS fordert. Krankenhäuser, die auf diese Weise einen Beitrag zur Patientensicherheit leisten, können bei Einhaltung bestimmter Voraussetzungen einen Vergütungszuschlag als finanziellen Anreiz erhalten. Die Idee eines CIRS beruht auf dem „Schweizer-Käse-Modell" von James Reason. Demnach kann aus einem kritischen Ereignis ein unerwünschtes Ereignis resultieren, wenn mehrere Schutzbarrieren überwunden werden. Ein CIRS setzt an dieser Stelle an: kritische Ereignisse werden erfasst und Verbesserungsmaßnahmen abgeleitet, um so unerwünschte Ereignisse zu verhindern. Bei einem CIRS können alle Mitarbeiter eines Krankenhauses freiwillig und anonym Risiken, Gefahrensituationen oder Beinahezwischenfälle melden, ohne Sanktionen fürchten zu müssen. Diese Ereignisse werden anschließend analysiert

---

[354] Vgl. Doupi et al. (2013), S. 44.

[355] Vgl. Doupi et al. (2015), S. 50.

[356] Vgl. Doupi et al. (2015), S. 50.

und bewertet, um daraus Konsequenzen ableiten zu können. Dies soll dazu beitragen, Strukturen und Prozesse so zu verbessern, dass nachfolgende, gleiche oder ähnliche Ereignisse kein Sicherheitsrisiko mehr darstellen. Damit Ereignisse jedoch gemeldet werden, sind eine gelebte konstruktive Fehlerkultur, ein offener Umgang untereinander und eine rasche Reaktion auf gemeldete Ereignisse von großer Bedeutung. Die Meldebereitschaft der Mitarbeiter lässt sich darüber hinaus mithilfe guter kommunikativer Strukturen steigern. Eine aktive Nutzung des CIRS kann demnach zu einer Erhöhung der Patientensicherheit beitragen.

Das zweite untersuchte Instrument, das Global Trigger Tool, basiert auf einer Trigger-Tool-Methode, die 1999 vom amerikanischen Institute for Healthcare Improvement entwickelt wurde. In der Anfangsphase diente es der Entdeckung unerwünschter Arzneimittelereignisse; in den Jahren bis 2004 wurde es weiterentwickelt und sein Anwendungsgebiet erweitert. Das überarbeitete GTT wurde mit dem Ziel entwickelt, ein anwenderfreundliches und praktisches Instrument bereitzustellen, mit dem unerwünschte Ereignisse und mögliche Patientenschäden, die während des stationären Behandlungsprozesses aufgetreten sind, entdeckt und im Zeitverlauf quantifiziert werden können. Es handelt sich dabei um eine retrospektive Methode, bei der Krankenakten auf unspezifische Trigger hin untersucht werden. Diese Trigger können auf eine mögliche Schädigung des Patienten hindeuten. Das GTT ist demzufolge ein Instrument, mit dem eine Verlaufskontrolle hinsichtlich des Auftretens von Patientenschädigungen erfolgen und bei längerer Anwendung der Erfolg von risikopräventiven Maßnahmen gemessen werden kann.

Nach Heinrichs Gesetz besteht ein direkter Zusammenhang zwischen der Häufigkeit von kleinen und großen Fehlern. Einem unerwünschten Ereignis mit verheerendem Ausgang gehen zumeist mehrere hundert Zwischenfälle mit leichten Schäden voraus. Es ist daher wichtig, nicht nur Zwischenfälle, bei denen es zu einer Schädigung von Patienten gekommen ist, zu untersuchen, sondern auch Beinahezwischenfälle.

In den meisten deutschen Fehlermeldesystemen sollen ausschließlich Beinahezwischenfälle gemeldet werden. Das bringt den Vorteil mit sich, dass Risiken und Schwächen im System erkannt, analysiert und Verbesserungsmaßnahmen abgeleitet werden, ohne dass Patienten geschädigt werden. Außerdem können mit einem CIRS sehr seltene Risiken und Fehlerquellen analysiert und in einrichtungsübergreifenden Meldesystemen veröffentlicht werden. Aus dem Fehler eines Einzelnen können demnach viele Krankenhäuser lernen und profitieren. Des Weiteren kann eine aktive Nutzung des CIRS nicht nur zu einer positiven Beeinflussung der Sicherheitskultur des Krankenhauses beitragen, sondern auch zu einer höheren Patientensicherheit. Eben diese aktive Nutzung stellt ein Problem dar, denn die größte Herausforderung eines CIRS liegt in der geringen Meldebereitschaft des Personals. Wenn die Mitarbeiter nicht motiviert sind, unerwünschte Ereignisse zu melden, können aus der Implementierung eines Fehlermeldesystems auch keine Vorteile resultieren. Aus diesem Grund sollte zukünftig der Fokus auf eben diesem Problempunkt liegen. Eine mögliche Besserung könnte erzielt werden, wenn Mitarbeiter eine kurze Rückmeldung erhielten, dass ihre Meldungen eingegangen sind und in absehbarer Zeit bearbeitet werden. Deutlich wichtiger ist hingegen das Auftreten der Führungskräfte und ihr Standpunkt in Bezug auf Fehler. Solange das Personal negative Konsequenzen aufgrund einer höheren Melderate fürchten muss, wird kein Wandel der Fehlerkultur eintreten. Der Wandel von einer „culture of blame" hin zu einer konstruktiven Fehlerkultur, in der Fehler als Chance angesehen und nicht verurteilt werden, wird vermutlich noch einige Jahre dauern.

Das Global Trigger Tool ist im Gegensatz zum CIRS nicht abhängig von der Motivation der Mitarbeiter. In regelmäßigen Abständen werden Daten generiert, die den Grad der Patientensicherheit wiedergeben. Ein weiterer Vorteil ergibt sich aus der Nutzung eines automatisierten GTT. Dieses bietet die Möglichkeit, auf Risiken und Gefahrensituationen reagieren zu können, bevor Patienten geschädigt werden. Zudem könnten in Echtzeit Warnmeldungen ausgegeben werden, bevor ein unerwünschtes Ereignis eintritt. Eine Schwäche des Instrumentes liegt darin, dass die Datenerhebungen keinen Aufschluss über die Ursachen von menschlichen Fehlleistungen oder organisatorischen Faktoren geben. Somit kann das Personal nicht aus seinen Fehlern lernen und die Ergebnisse können nicht genutzt werden, um Verbesserungsmaßnahmen abzuleiten. Dazu müsste das Risikomanagement erneut die Patientenakten heranziehen, um die Umstände und die beitragenden Faktoren des unerwünschten Ereignisses verstehen zu können. Ein weiterer methodischer Nachteil resultiert aus der Tatsache, dass Beinahezwischenfälle sowie Fehler aufgrund minderwertiger Pflege explizit ausgeschlossen werden. Diese Ereignisse bieten jedoch viel Lernpotenzial, um unerwünschte Ereignisse zu verhindern. In Analogie zu dem Eisbergmodell gleicht die alleinige Untersuchung von Schadensereignissen dem Blick auf die Spitze eines Eisberges. Das Trigger Tool könnte optimiert werden, indem bei der Bewertung der unerwünschten Ereignisse das Kriterium „Vermeidbarkeit" berücksichtigt würde. Auf diese Weise kann bei der Darstellung der Daten zwischen vermeidbaren und unvermeidbaren Ereignissen unterschieden und die Aussagekraft des Auswertungsergebnisses erhöht werden. Zusätzlich könnte sich der Aufwand bei einer anschließenden Analyse dadurch verringern, dass die unvermeidbaren Fälle außer Acht gelassen werden können.

Ein Krankenhaus, in dem eine konstruktive Fehlerkultur herrscht und Mitarbeiter ihre Fehler zugeben und Risikosituationen berichten, damit andere daraus lernen, kann von einem CIRS durchaus profitieren. Wird eine solche Kultur im Unternehmen nicht gelebt, bringt ein CIRS dem Krankenhaus keine nennenswerten Vorteile. Eine Nutzung des GTT ergänzend zum CIRS scheint daher eine empfehlenswerte Maßnahme, um das Risikomanagement eines Krankenhauses nachhaltig zu verbessern. Dies erfordert zwar zusätzliche Ressourcen, vor allem personelle und zeitliche, bietet jedoch die Möglichkeit, nicht nur die Entwicklung und den Grad der Patientensicherheit beurteilen zu können, sondern auch die Anzahl unerwünschter Ereignisse reduzieren und durch den Einsatz einer automatisierten Version des GTT das Eintreten solcher Ereignisse rechtzeitig verhindern zu können. Darüber hinaus sollten sich alle Krankenhäuser an einrichtungsübergreifenden CIRS beteiligen, um auch von diesem Instrument bestmöglich profitieren zu können. Das bedeutet ebenfalls einen höheren Arbeitsaufwand, zum Beispiel für das Hochladen und Lesen der Meldungen auf beiden Plattformen, allerdings wird dieser in Deutschland anteilig durch Vergütungszuschläge entlohnt. Krankenhäuser haben somit die Chance aus den Fehlern anderer Einrichtungen zu lernen, ohne dass der Patientenschaden im eigenen Haus zu einer Schadensklage und einem möglichen Imageverlust führen würde. Dafür wäre jedoch eine einheitliche Definition der zu berichtenden Ereignisse notwendig. Es wäre außerdem denkbar, dass ein übergeordnetes CIRS-Team die Meldungen aller einrichtungsübergreifender CIRS auswertet und daraus Handlungsempfehlungen ableitet, welche im Anschluss allen Krankenhäusern zugänglich gemacht würden.

Da der Einsatz des Global Trigger Tools in deutschen Krankenhäusern noch nicht vollständig erforscht wurde, sollte dies in zukünftigen Studien thematisiert werden. Schwerpunkt dieser Untersuchungen könnte sein, wie viele Krankenhäuser in Deutschland das GTT nutzen und ausgehend davon auch Verbesserungsmaßnahmen aus den Ergebnissen entwickelt haben. Darüber hinaus wäre es von Interesse zu erfahren, ob Krankenhäuser bereits eine Kombination der beiden Systeme verwenden und ob es in Folge dessen zu einer Verbesserung der Behandlungsqualität und einer Optimierung der Prozesse gekommen ist.

Literatur

Adler L, Denham CR, McKeever M, Purinton R, Guilloteau F, Moorhead JD, Resar R (2008) Global Trigger Tool: implementation basics. J Patient Saf 4(4):245–249

Aktionsbündnis Patientensicherheit (2006) Empfehlung zur Einführung von CIRS im Krankenhaus. https://www.aps-ev.de/wp-content/uploads/2016/08/07-07-25-CIRS-Handlungsempfehlung.pdf. Zugegriffen am 28.02.2019

Aktionsbündnis Patientensicherheit (2007) Empfehlung zur Einführung von Critical Incident Reporting Systemen (CIRS). Praxistipps für Krankenhäuser. https://www.aps-ev.de/wp-content/uploads/2016/08/07-12-10_CIRS_Brosch__re_mit_Umschlag.pdf. Zugegriffen am 10.03.2019

Aktionsbündnis Patientensicherheit, Plattform Patientensicherheit, Stiftung Patientensicherheit (2016) Einrichtung und erfolgreicher Betrieb eines Berichts- und Lernsystems (CIRS). Handlungsempfehlungen für stationäre Einrichtungen im Gesundheitswesen. Berlin. https://www.aps-ev.de/wp-content/uploads/2016/10/160913_CIRS-Broschuere_WEB.pdf. Zugegriffen am 01.03.2019

Anders U, van den Brink GJ (2013) Betrachtung operativer Risiken in Transaktionsbanken. In: Lamberti H-J, Marlière A, Pöhler A (Hrsg) Management von Transaktionsbanken, 1. Aufl. Springer, Berlin/Heidelberg

Bracht M (2011) Risikomanagement in der Medizin. In: Zapp W (Hrsg) Risikomanagement in Stationären Gesundheitsunternehmungen. Grundlagen, Relevanz und Anwendungsbeispiele aus der Praxis, 1. Aufl. medhochzwei, Heidelberg

BR-Drucksache 312/12 (2012) Drucksache des Deutschen Bundesrates 312/12 vom 25.05.2012: Entwurf eines Gesetzes zur Verbesserung der Rechte von Patientinnen und Patienten. Bundesanzeiger Verlagsgesellschaft mbH. Köln. http://dipbt.bundestag.de/dip21/brd/2012/0312-12.pdf. Zugegriffen am 23.02.2019

Brockhaus (1998) Die Enzyklopädie in 24 Bänden, 20., überarb. u. akt. Aufl., 18. Band. Brockhaus, Leipzig

Brühwiler B (2016) Risikomanagement als Führungsaufgabe. Umsetzung bei strategischen Entscheidungen und operationellen Prozessen. 4., akt. Aufl. Haupt, Bern

BT-Drucksache 13/9712 (1998) Drucksache des Deutschen Bundestages 13/9712 vom 28.01.1998: Entwurf eines Gesetzes zur Kontrolle und Transparenz im Unternehmensbereich (KonTraG). Bundesanzeiger Verlagsgesellschaft mbH. Bonn. http://dipbt.bundestag.de/doc/btd/13/097/1309712. pdf. Zugegriffen am 23.02.2019

Callies P (1991) Volkswirtschaftliche Schriften. Heft 415. Ungewißheit und Risiko im sowjetischen planwirtschaftlichen System. Duncker & Humblot GmbH, Berlin

CIRS NRW (2017) Patientensicherheit gemeinsam fördern. https://www.cirsmedical.de/nrw/pdf/flyer-cirs-nrw.pdf. Zugegriffen am 10.03.2019

Classen DC, Pestotnik SL, Evans RS, Burke JP (1991) Computerized surveillance of adverse drug events in hospital patients. JAMA 266:2847–2851

Classen DC, Pestotnik SL, Evans RS, Burke JP (1992) Description of a computerized adverse drug event monitor using a hospital information system. Hosp Pharm 27:774–783

Classen DC, Lloyd RC, Provost L, Griffin FA, Resar R (2008) Development and evaluation of the Institute for Healthcare Improvement Global Trigger Tool. J Patient Saf 4(3):169–177

Classen DC, Resar R, Griffin F, Federico F, Frankel T, Kimmel N, Whittington JC, Frankel A, Seger A, James BC (2011) 'Global Trigger Tool' shows that adverse events in hospitals may be ten times greater than previously measured. Health Aff 30(4):581–589. https://doi.org/10.1377/hlthaff.2011.0190

Dettmeyer R (2006) Medizin& Recht. Rechtliche Sicherheit für den Arzt, 2., vollst. überarb. u. ergänz. Aufl. Springer Medizin, Heidelberg

Diederichs M (2017) Risikomanagement und Risikocontrolling, 4., vollst. überarb. u. ergänz. Aufl. Vahlen, München

DIN EN ISO 14971:2013-04, Medizinprodukte – Anwendung des Risikomanagements auf Medizinprodukte (ISO 14971:2007, korrigierte Fassung 1. Oktober 2007); Deutsche Fassung EN ISO 14971:2012

Doege D (2013) Hedge Accounting nach IAS/IFRS. Bilanzielle Abbildung ökonomischer Sicherungsbeziehungen, 1. Aufl. Springer Gabler, Wiesbaden

Doupi P (2012) Using EHR data for monitoring and promoting patient safety: reviewing the evidence on trigger tools. Stud Health Technol Inform 180:786–790. https://doi.org/10.3233/978-1-61499-101-4-786

Doupi P, Peltomaa K, Kaartinen M, Öhman J (2013) IHI Global Trigger Tool and patient safety monitoring in Finnish hospitals. Current experiences and future trends. Report 19/2013. National Institute for Health and Welfare, Tampere

Doupi P, Svaar H, Bjørn B, Deilkås E, Nylén U, Rutberg H (2015) Use of the Global Trigger Tool in patient safety improvement efforts: Nordic experiences. Cogn Tech Work 17:45–54. https://doi.org/10.1007/s10111-014-0302-2

Eller R, Heinrich M, Perrot R, Reif M (2010) Kompaktwissen Risikomanagement. Nachschlagen, verstehen und erfolgreich umsetzen, 1. Aufl. Springer Gabler, Wiesbaden

Eren E, Schindler M (2011) IT-Risikomanagement im Krankenhaus – Praktische Hinweise zur Einführung und Umsetzung. In: Hellmann W, Ehrenbaum K (Hrsg) Umfassendes Risikomanagement im Krankenhaus. Risiken beherrschen und Chancen erkennen, 1. Aufl. Medizinisch Wissenschaftliche Verlagsgesellschaft, Berlin

European Commission, Patient Safety and Quality of Care working group (2014) Key findings and recommendations on Reporting and learning systems for patient safety incidents across Europe. Report of the Reporting and learning subgroup of the European Commission PSQ CWG. S 1–55. http://buonepratiche.agenas.it/documents/More/8.pdf. Zugegriffen am 07.03.2019

Euteneier A (2015) Elemente des klinischen Risikomanagements. In: Euteneier A (Hrsg) Handbuch Klinisches Risikomanagement. Grundlagen, Konzepte, Lösungen – medizinisch, ökono-misch, juristisch, 1. Aufl. Springer, Berlin/Heidelberg

Fernald DH, Pace WD, Harris DM, West DR, Main DS, Westfall JM (2004) Event reporting to a primary care patient safety reporting system: a report from the ASIPS collaborative. Ann Fam Med 2(4):327–332. https://doi.org/10.1370/afm.221

Flanagan JC (1954) The critical incident technique. Psychol Bull 51(4):327–358

Frank O (2017) CIRS – Critical Incident Reporting System. Welche Möglichkeiten bietet es und wie wird es bis heute genutzt?. 6. Tagung Qualitätsmedizin Schweiz. Spitäler nach Qualität aussuchen und finanzieren: Wieviel Transparenz braucht das System? Wieviel Transparenz verträgt der Patient?. Dienstag, 25. April 2017. S 1–19. http://www.qualitaetsmedizin.ch/wp-content/uploads/2017/05/3_Frank-Präsentation_CIRS_Tagung-Qualitätsmedizin.pdf. Zugegriffen am 27.02.2019

Frank O, Hochreutener M-A, Conen D, Staender S, Schumacher P, Wiederkehr P (2011) CIRRNET. Critical Incident Reporting & Reacting Network – das Netzwerk lokaler Fehlermeldungen. https://www.patientensicherheit.ch/fileadmin/user_upload/1_Projekte_und_Programme/CIRRNET/CIRRNET_Poster.pdf. Zugegriffen am 27.02.2019

Fröse S (2014) Was Qualitätsbeauftragte in der Pflege wissen müssen, 3., vollst. überarb. Aufl. Schlütersche Verlagsgesellschaft mbH & Co. KG, Hannover

Gabler (2018) Management. https://wirtschaftslexikon.gabler.de/definition/management-37609/version-261043. Zugegriffen am 22.01.2019

Gausmann P (2005) Risiko-Management – Umsetzungskonzepte für die klinische Praxis. Arzt und Krankenhaus 2005(10):307–310

Gausmann P (2007) Risikomanagement und geplante Behandlungspfade. In: von Eiff W (Hrsg) Schriftenreihe Gesundheitswirtschaft. Band 2. Risikomanagement. Kosten-/Nutzen-basierte Entscheidungen im Krankenhaus, 2., erw. Aufl. WIKOM, Wegscheid

Gausmann P, Petry FM (2004) Risiko-Management im Krankenhaus aus Sicht der Versicherer. Z. ärztl. Fortbild. Qual. Gesundh.wes 98:587–591

G-BA (2016) Beschluss des Gemeinsamen Bundesausschusses über eine Bestimmung von Anforderungen an einrichtungsübergreifende Fehlermeldesysteme. „Bestimmung von Anforderungen an einrichtungsübergreifende Fehlermeldesystem (üFMS-B)". https://www.g-ba.de/downloads/39-261-2546/2016-03-17_ueFMS-B_Erstfassung_BAnz.pdf. Zugegriffen am 16.02.2019

G-BA (2018) Regelungen des Gemeinsamen Bundesausschusses gemäß § 136b Absatz 1 Satz 1 Nummer 3 SGB V über Inhalt, Umfang und Datenformat eines strukturierten Qualitätsbericht für nach § 108 SGB V zugelassene Krankenhäuser. (Regelungen zum Qualitätsbericht der Krankenhäuser, Qb-R). https://www.g-ba.de/downloads/62-492-1704/Qb_R_2018-11-22_iK-2018-11-30.pdf. Zugegriffen am 01.03.2019

Geiger W, Kotte W (2008) Handbuch Qualität. Grundlagen und Elemente des Qualitätsmanagements: Systeme – Perspektiven. 5., vollständig überarbeitete und erweiterte Auf-lage. Friedr. Vieweg & Sohn/GWV Fachverlage GmbH, Wiesbaden

GKV-Spitzenverband (2017) Vereinbarung gemäß § 17b Absatz 1a Nummer 4 KHG über Vergütungszuschläge für die Beteiligung von Krankenhäusern an einrichtungsübergreifenden Fehlermeldesystemen. https://www.gkv-spitzenverband.de/media/dokumente/krankenversicherung_1/krankenhaeuser/abrechnung/zu___abschlaege/2017_06_02_KH_Vereinbarung_Verguetung_ueFMS.pdf. Zugegriffen am 16.02.2019

Gleißner W (2007) Analyse und Bewältigung strategischer Risiken. In: Kaiser T (Hrsg) Wettbewerbsvorteil Risikomanagement. Erfolgreiche Steuerung der Strategie-, Reputations- und operationellen Risiken, 1. Aufl. Erich Schmidt, Berlin

Gleißner W (2011) Grundlagen des Risikomanagements im Unternehmen. Controlling, Unternehmensstrategie und wertorientiertes Management, 2. Aufl. Vahlen, München

Glitsch A, Schreiber A (2013) CIRS und Global Trigger Tools in der Chirurgie und Endoskopie. Viszeralmedizin 29(3):174–179. https://doi.org/10.1159/000352047

Graebe-Adelssen S (2003) Risk Management - die Sicht von außen. In: Graf VP, Felber A, Lichtmannegger R (Hrsg) Risk Management im Krankenhaus. Risiken begrenzen und Kosten steuern, 1. Aufl. Luchterhand, München

Griffin FA, Classen DC (2008) Detection of adverse events in surgical patients using the Trigger Tool approach. Qual Saf Health Care 17(4):253–258. https://doi.org/10.1136/qshc.2007.025080

Griffin FA, Resar RK (2009) IHI Global Trigger Tool for measuring adverse events, IHI Innovation Series white paper, 2. Aufl. Institute for Healthcare Improvement, Cambridge

Gunkel C, Rohe J, Heinrich AS, Hahnenkamp C, Thomeczek C (2013) CIRS – Gemeinsames Lernen durch Berichts- und Lernsysteme. äzq Schriftenreihe. Band 42. TÜV Media, Köln

Gunningberg L, Sving E, Hommel A, Ålenius C, Wiger P, Bååth C (2019) Tracking pressure injuries as adverse events: national use of the Global Trigger Tool over a 4-year period. J Eval Clin Pract 25(1):21–27. https://doi.org/10.1111/jep.12996

Haller M (2004) Risiko-Management. In: Dubs R, Euler D, Rüegg-Stürm J, Wyss CE (Hrsg) Einführung in die Managementlehre, 1. Aufl. Haupt, Bern

Harper ML, Helmreich RL (2005) Identifying barriers to the success of a reporting system. In: Henriksen K, Battles JB, Marks ES (Hrsg) Advances in patient safety: from research to implementation, Vol 3: Implementation issues. Agency for Healthcare Research and Quality (US), Rockville

Hart D (2007) Das Critical Incident Reporting-Projekt der norddeutschen Kinderkliniken – Anmerkungen zum Risikomanagement und seinem Recht. In: Madea B, Dettmeyer R (Hrsg) Medizinschadensfälle und Patientensicherheit: Häufigkeit – Begutachtung – Prophylaxe, 1. Aufl. Deutscher Ärzte-Verlag, Köln

Hartmann, M. (2015): Global Trigger Tool – GT-Ausstattung für die Patientensicherheit?. In: Gausmann, P., Henninger, M., Koppenberg, J: Patientensicherheitsmanagement. 1. de Gruyter. Berlin/Boston

Haubrock M (2008) Betriebswirtschaft/Gesundheitsökonomie. In: Katholische Fachhochschule Mainz (2008): Gutachten zu den zukünftigen Handlungsfeldern in der Krankenhauspflege. Erstellt im Auftrag des Sozialministeriums Rheinland-Pfalz. Mainz

Haubrock M (2018) Risikomanagement. In: Haubrock, Schär (2018): Betriebswirtschaft und Management in der Gesundheitswirtschaft. 6., vollst. überarb. u. erw. Aufl. Hogrefe, Bern

Hecken J (2015) Beschluss des Gemeinsamen Bundesausschusses über eine Qualitätsmanage-ment-Richtlinie. S 1–13. https://www.g-ba.de/downloads/39-261-2434/2015-12-17_2016-09-15_QM-RL_Erstfassung_konsolidiert_BAnz.pdf. Zugegriffen am 01.03.2019

Hecken J (2016) Beschluss des Gemeinsamen Bundesausschusses über eine Bestimmung von Anforderungen an einrichtungsübergreifende Fehlermeldesysteme. https://www.g-ba.de/downloads/39-261-2546/2016-03-17_ueFMS-B_Erstfassung_BAnz.pdf. Zugegriffen am 15.02.2019

Hennke, M. (2009) Critical Incident Reporting System. CIRS – Präventives Risikomanagement im Universitätsklinikum Münster. In: Das Krankenhaus. 02.2009. S 154–157

Hensen P (2016) Qualitätsmanagement im Gesundheitswesen. Grundlagen für Studium und Praxis. Springer Gabler, Wiesbaden

Herold A (2013) Safety-Clip: Das Global Trigger Tool – Ein Messinstrument der Patientensicherheit. Passion Chirurgie 3(5):Artikel 03_02. https://www.bdc.de/safety-clip-das-global-trigger-tool-messinstrument-der-patientensicherheit/. Zugegriffen am 05.04.2019

Heuzeroth R (2016) Ablauf eines internen Berichts- und Lernsystems. In: Aktionsbündnis Patientensicherheit, Plattform Patientensicherheit, Stiftung Patientensicherheit (2016): Einrichtung und erfolgreicher Betrieb eines Berichts- und Lernsystems (CIRS). Handlungsempfehlungen für stationäre Einrichtungen im Gesundheitswesen. Berlin. https://www.aps-ev.de/wp-content/uploads/2016/10/160913_CIRS-Broschuere_WEB.pdf. Zugegriffen am 09.03.2019

Hibbert PD, Molloy CJ, Hooper TD, Wiles LK, Runciman WB, Lachman P, Muething SE, Braithwaite J (2016) The application of the Global Trigger Tool: a systematic review. International J Qual Health Care 28(6):640–649. https://doi.org/10.1093/intqhc/mzw115

Hoffmann B, Rohe J (2010) Patientensicherheit und Fehlermanagement: Ursachen unerwünschter Ereignisse und Maßnahmen zu ihrer Vermeidung. Deutsches Ärzteblatt 107(6):92–99. 12. Februar 2010. https://doi.org/10.3238/arztebl.2010.0092

Hoffmann-Völkl G, Kästenbauer T, Mück U, Zottl M, Huf W, Ettl B (2018) Detektion unerwünschter Ereignisse mittels IHI Global Trigger Tool im Kontext der Einführung eines Risikomanagement-Systems: Eine retrospektive Studie über einen Zeitraum von 3 Jahren an der Herz- und Gefäßchirurgischen Abteilung eines Wiener Schwerpunktkrankenhauses. Z Evid Fortbild Qual Gesundh wesen (ZEFQ) 131–132:38–45. https://doi.org/10.1016/j.zefq.2017.09.013

Hofinger G (2008) Fehler und Unfälle. In: Badke-Schaub P, Hofinger G, Lauche K (Hrsg) Human factors, 1. Aufl. Springer, Berlin/Heidelberg

Hofinger G (2009) Lernen aus Fehlern im Krankenhaus. Systemische Fehlersicht und Zwischenfall-Berichtssysteme. Der Unfallchirurg 112(6):604–609. https://doi.org/10.1007/s00113-009-1609-y

Huth M, Romeike F (2016) Grundlagen des Risikomanagements in der Logistik. In: Huth M, Romeike F (Hrsg) Risikomanagement in der Logistik. Konzepte – Instrumente – Anwendungsbeispiele. Springer Gabler, Wiesbaden

Institute of Medicine (2000) To err is human: building a safer health care system. The National Academies Press, Washington, DC. https://doi.org/10.17226/9728

Jick H (1974) Drugs – remarkably nontoxic. N Engl J Med 291(16):824–828. https://doi.org/10.1056/NEJM197410172911605

Johann Wolfgang Goethe-Universität – Institut für Allgemeinmedizin (o. J.) Jeder Fehler ist ein Schatz. Fehlerberichts- und Lernsysteme www.jeder-fehler-zaehlt.de. https://www.jeder-fehler-zaehlt.de/downloads/jfz_fuer_web_2014.pdf. Zugegriffen am 10.03.2019

Kahla-Witzsch H (2011) Medizinisches Risikomanagement – Grundlagen zur Planung und Umsetzung. In: Hellmann W, Ehrenbaum K (Hrsg) Umfassendes Risikomanagement im Krankenhaus. Risiken beherrschen und Chancen erkennen, 1. Aufl. Medizinisch Wissenschaftliche Verlagsgesellschaft, Berlin

Kaufmann M, Staender S, Scheidegger D (2005) Instrumente, Strategien. Meldesysteme, Beispiel CIRS. In: Holzer E, Thomeczek C, Hauke E, Conen D, Hochreutener M-A (Hrsg) Patientensicherheit. Leitfaden für den Umgang mit Risiken im Gesundheitswesen, 1. Aufl. Facultas Verlags- und Buchhandels AG, Wien

KH-CIRS-Netz Deutschland 2.0 (o. J.) Was soll berichtet werden? https://www.kh-cirs.de/fragen/was_soll.html. Zugegriffen am 10.03.2019

Klauber J, Geraedts M, Friedrich J, Wasem J (2014) Krankenhaus-Report 2014. Schwerpunkt: Patientensicherheit, 1. Aufl. Schattauer, Stuttgart

Kluge F (1975) Etymologisches WÖrterbuch der deutschen Sprache, 21. Aufl. de Gruyter, New York

Kolada S (2011) Das Critical Incident Reporting System als präventives Instrument. In: Deickert F, Maier B, Schwab S (Hrsg) Erfolgsfaktor Controlling, Risikomanagement und Personal. Zukunft des Gesundheitswesens, 1. Aufl. Centaurus, Herbolzheim

Krüger-Brand HE (2012) Patientenrechtegesetz. Die wichtigsten Regelungen im Überblick. Deutsches Ärzteblatt 109(49):1–2

Kuntsche P, Börchers K (2017) Qualitäts- und Risikomanagement im Gesundheitswesen. Basis- und integrierte Systeme, Managementsystemübersichten und praktische Umsetzung, 1. Aufl. Springer Gabler, Berlin

Landrigan CP, Parry GJ, Bones CB, Hackbarth AD, Goldmann DA, Sharek PJ (2010) Temporal trends in rates of patient harm resulting from medical care. N Engl J Med 363(22):2124–2134. https://doi.org/10.1056/NEJMsa1004404

Löber N (2011) Fehler und Fehlerkultur im Krankenhaus. Eine theoretisch-konzeptionelle Betrachtung. In: Fließ S (Hrsg) Beiträge zur Dienstleistungsmarketing-Forschung. Aktuelle Forschungsfragen und Forschungsergebnisse, 1. Aufl. Gabler, Wiesbaden

Löber N (2012) Fehler und Fehlerkultur im Krankenhaus. Eine theoretisch-konzeptionelle Betrachtung, 1. Aufl. Gabler, Wiesbaden. Dissertation. Eichstätt-Ingolstadt

Maas M, Güß T (2014) Patientensicherheit – Auftrag für die Zukunft. Bedeutung von CIRS-Systemen für die klinische Praxis. Anästhesiol Intensivmed Notfallmed Schmerzther 49(07/08):466–473. https://doi.org/10.1055/s-0034-1386709

Marco C (2011) Lasst uns zusammen arbeiten. Über die Gestaltung soziotechnischer Systeme, 1. Aufl. novum, Berlin/München

Mattsson TO, Knudsen JL, Lauritsen J, Brixen K, Herrstedt J (2013) Assessment of the global trigger tool to measure, monitor and evaluate patient safety in cancer patients: reliability concerns are raised. BMJ Qual Saf 22(7):571–579. https://doi.org/10.1136/bmjqs-2012-001219

MDS (2017) Behandlungsfehler-Begutachtung der MDK-Gemeinschaft. Jahresstatistik 2017. Medizinischer Dienst des Spitzenverbandes Bund der Krankenkassen e.V. (MDS). https://www.mds-ev.de/fileadmin/dokumente/Pressemitteilungen/2018/2018_06_05/Jahresstatistik_BHF_begutachtung_2017.pdf. Zugegriffen am 19.02.2019

Merkle W (2014) Risikomanagement und Fehlervermeidung im Krankenhaus, 1. Aufl. Springer, Berlin/Heidelberg

Meyding T, Mörsdorf R (1999) Neuregelungen durch das KonTraG und Tendenzen in der Rechtsprechung. In: Saitz B, Braun F (Hrsg) Das Kontroll- und Transparenzgesetz. Heraus-forderungen und Chancen für das Risikomanagement, 1. Aufl. Gabler, Wiesbaden

Middendorf C (2006) Klinisches Risikomanagement. Implikationen, Methoden und Gestaltungsempfehlungen für das Management klinischer Risiken in Krankenhäusern. 2. Auf. Lit. Münster. Dissertation. Münster

Milburn TW, Watman KH (1981) On the nature of threat: a social psychological analysis, 1. Aufl. Praeger, New York

Mühlbacher A (2017) Informationsmanagement und Controlling in der integrierten Versorgung. In: Busse R, Schreyögg J, Stargardt T (Hrsg) Management im Gesundheitswesen. Das Lehr-buch für Studium und Praxis, 4. Aufl. Springer, Berlin

National Coordinating Council for Medication Error Reporting and Prevention (2001) NCC MERP Index for Categorizing Medication Errors. https://www.nccmerp.org/sites/default/files/indexColor2001-06-12.pdf. Zugegriffen am 01.04.2019

National Patient Safety Agency (2008) A risk matrix for risk managers. https://www.neas.nhs.uk/media/118673/foi.16.170_-_risk_matrix_for_risk_managers_v91.pdf. Zugegriffen am 12.03.2019

Osterloh F (2012) CIRS: Weg von Schuldzuweisungen. Dtsch Arztebl 2012 109(13):675–676

Paula H (2017) Patientensicherheit und Risikomanagement in der Pflege. Für Stationsleitungen und PDL, 2., überarb. Aufl. Springer, Berlin

Pauli A (2013) Risikomanagement und CIRS als Gegenstand der Krankenhaushaftung. 1. Aufl. Nomos Verlagsgesellschaft. Baden-Baden. Dissertation. Bremen

Pietrowski D, Ennker J, Kleine P (2007) Warum Risikomanagement im Krankenhaus. In: Ennker J, Pietrowski D, Kleine P (Hrsg) Risikomanagement in der operativen Medizin, 1. Aufl. Steinkopff, Darmstadt

Reason J (1990) The contribution of latent human failures to the breakdown of complex systems. Philosophical Transactions of the Royal Society of London. Series B, Biological Sciences 327(1241):475–484. https://doi.org/10.1098/rstb.1990.0090

Reason J (1994) Menschliches Versagen. Psychologische Risikofaktoren und moderne Technologien. Spektrum Akademischer, Heidelberg

Reason J (1997) Managing the risks of organizational accidents. First edition 1997. Ashgate Publishing Company, Aldershot.

Reason J (2000) Human error: models and management. BMJ 320(7237):768–770. https://doi.org/10.1136/bmj.320.7237.768

Reichling P, Bietke D, Henne A (2007) Praxishandbuch Risikomanagement und Rating. Ein Leitfaden, 2., überarb. u. erw. Aufl. Gabler, Wiesbaden

Riedel R, Schmieder A (2014) Einführung von Risikomanagement und CIRS im Krankenhaus als ökonomische Aufgabe anhand eines praktischen Beispiels. In: Merkle W (Hrsg) Risikomanagement und Fehlervermeidung im Krankenhaus, 1. Aufl. Springer, Berlin/Heidelberg

Rohe J, Thomeczek C (2008) Aus Fehlern lernen: Risikomanagement mit Fehlerberichts-systemen. GGW 8(1):18–25

Romeike F (2003) Risikoidentifikation und Risikokategorien. In: Romeike F, Finke RB (Hrsg) Erfolgsfaktor Risiko-Management. Chance für Industrie und Handel. Methoden, Beispiele, Checklisten, 1. Aufl. Gabler, Wiesbaden

Romeike F (2004) Lexikon Risiko-Management. 1000 Begriffe rund ums Risiko-Management nachschlagen, verstehen, anwenden, 1. Aufl. WILEY-VCH Verlag GmbH & Co. KGaA, Weinheim

Rozich JD, Haraden CR, Resar RK (2003) Adverse drug event trigger tool: a practical methodology for measuring medication related harm. Qual Saf Health Care 12(3):194–200

Saßen S (2018) Risikomanagement: Fehler vermeiden, melden, analysieren und bewältigen. Vincentz Network, Hannover

Schierenbeck H, Lister M (2002) Value Controlling. Grundlagen wertorientierter Unternehmensführung, 2., unverän. Aufl. R. Oldenbourg, München/Wien

Schildmeijer K, Nilsson L, Perk J, Årestedt K, Nilsson G (2013) Strengths and weaknesses of working with the Global Trigger Tool method for retrospective record review: focus group interviews with team members. BMJ Open 3(9):1–8. https://doi.org/10.1136/bmjopen-2013-003131

Schiller JCF (1834) Schiller's sämmtliche Werke in einem Bande: Band 1, Ausgabe 1. Verlag der J.G. Cotta'schen Buchhandlung, Stuttgart/Tübingen

Schlagowski H (2015) Technische Dokumentation im Maschinen- und Anlagenbau. Anforderungen, 2., überarb. Aufl. Beuth, Berlin/Wien/Zürich

Schmitt R, Pfeifer T (2010) Qualitätsmanagement. Strategien – Methoden – Techniken, 4., vollst. überarb. Aufl. Carl Hanser, München/Wien

Schmola G (2016) Grundlagen und Instrumente des Risikomanagements. In: Schmola G, Rapp B (Hrsg) Compliance, Governance und Risikomanagement im Krankenhaus. Rechtliche Anforderungen – Praktische Umsetzung – Nachhaltige Organisation, 1. Aufl. Springer Gabler, Wiesbaden

Schraml S (2018) Dem Tod entronnen – Welche Rolle spielt Glück in unserer medizinischen Behandlung? 3. Aufl. BoD – Books on Demand, Norderstedt

Schuh G (2014) Steuerung der Lieferantenbasis Einkaufsmanagement. In: Schuh G (Hrsg) Handbuch Produktion und Management 7. Einkaufsmanagement, 2. Aufl. Springer, Berlin/Heidelberg

Seelos H-J (1991) Informationssysteme und Datenschutz im Krankenhaus. Strategische Informationsplanung – Informationsrechtliche Aspekte – Konkrete Vorschläge. 1. Auflage. Friedr. Vieweg & Sohn Verlagsgesellschaft mbH, Braunschweig/Wiesbaden. Dissertation. Darmstadt

Sharek PJ, Horbar JD, Mason W, Bisarya H, Thurm CW, Suresh G, Gray JE, Edwards WH, Goldmann D, Classen D (2006) Adverse events in the neonatal intensive care unit: development, testing, and findings of an NICU- focused trigger tool to identify harm in North American NICUs. Pediatrics 118(4):1332–1340. https://doi.org/10.1542/peds.2006-0565

Smirska K (2009) Optimierung eines Risikomanagementsystems im Mittelstand, 1. Aufl. Books on Demand. GmbH, Norderstedt

Staender S (2011) Incident reporting in anaesthesiology. Best Pract Res Clin Anaesthesiol 25(2):207–214. https://doi.org/10.1016/j.bpa.2011.01.005

Staender S, Kaufmann M, Schneidegger D (2000) Critical incident reporting. With a view on approaches in anaesthesiology. In: Vincent C, de Mol B (Hrsg) Safety in medicine, 1. Aufl. Pergamon Elsevier Science, Amsterdam, S 65–82

Straßer T, Koch M (2015) Risikomanagement in kleinen und mittleren Unternehmen. In: Zenke I, Schäfer R, Brocke H (Hrsg) Risikomanagement, Organisation, Compliance für Unter-nehmer, 1. Aufl. de Gruyter, Berlin/Boston

Strohmeier G (2007) Ganzheitliches Risikomanagement in Industriebetrieben. Grundlagen, Gestaltungsmodell und praktische Anwendung, 1. Aufl. Deutscher Universitätsverlag, Wiesbaden

The Health Foundation (2010) Evidence scan: global trigger tools. https://www.health.org.uk/sites/default/files/EvidenceScanGlobalTriggerTools.pdf. Zugegriffen am 01.04.2019

Thüß J (2012) Rechtsfragen des Critical Incident Reportings in der Medizin. Unter besonderer Berücksichtigung krankenhausinterner Fehlermeldesysteme. Kölner Schriften zum Medizinrecht. Band 9. 1. Aufl. Springer, Berlin/Heidelberg

Weißensteiner C (2014) Reputation als Risikofaktor in technologieorientierten Unternehmen. Status Quo – Reputationstreiber – Bewertungsmodell, 1. Aufl. Springer Gabler, Wiesbaden

Wiese WI, Schwert T, Böttcher S, Tsagakis K, Jakob H (2011) Implementierung eines Critical Incident Reporting System (CIRS) in der Herzchirurgie. In: Kardiotechnik. 02/2011. Deutsche Gesellschaft für Kardiotechnik e.V.. S 37–40. http://www.dgfkt.de/content/kardiotechnikoriginalausgaben/211/Wiese.pdf. Zugegriffen am 10.03.2019

Wolke T (2016) Risikomanagement, 3., überarb. u. akt. Aufl. de Gruyter/Oldenbourg, Berlin/Boston

World Health Organization (2009) The conceptual framework for the International Classification for Patient Safety. https://www.who.int/patientsafety/implementation/taxonomy/ICPS-report/en/. Zugegriffen am 19.01.2019